식물에 숨어 있는 비밀을 찾아라!

떴다! 지식 탐험대 - 식물

식물에 숨어 있는 비밀을 찾아라!

초판 제1쇄 발행일 2010년 2월 5일
개정판 제1쇄 발행일 2020년 10월 25일
글 정민지 그림 윤진현 감수 이은주
발행인 박헌용, 윤호권 발행처 (주)시공사 주소 서울시 서초구 사임당로 82
전화 문의 02-2046-2800 홈페이지 www.sigongsa.com / www.sigongjunior.com

ⓒ 우리누리·윤진현, 2010

이 책의 출판권은 (주)시공사에 있습니다.
저작권법에 의해 한국 내에서 보호받는 저작물이므로, 무단 전재와 무단 복제를 금합니다.

ISBN 979-11-6579-004-2 74480
ISBN 979-11-6579-001-1 (세트)

홈페이지 회원으로 가입하시면 다양한 혜택이 주어집니다.
잘못 만들어진 책은 구입하신 곳에서 바꾸어 드립니다.

KC 마크는 이 제품이 공통안전기준에 적합하였음을 의미합니다.
제조국 : 대한민국 사용 연령 : 8세 이상
주의 사항 : 책장에 손이 베이지 않게, 모서리에 다치지 않게 주의하세요.

식물에 숨어 있는 비밀을 찾아라!

글 정민지 / 그림 윤진현 / 감수 이은주

성실하고 치열하게 살아가는
식물의 세계

촉촉한 땅을 찾아 꿈틀꿈틀 한참을 기어가는 달팽이, 알을 낳기 위해 거센 물살을 거슬러 고향으로 돌아가는 연어! 열심히 살아가는 동물들은 참 사랑스러워요. 하지만 동물들만 열심히 살아가는 것은 아니에요. 동물들처럼 자유롭게 움직이지는 못하지만 식물들도 나름의 방식대로 성실하게, 때로는 치열하게 살아가고 있어요.

우거진 숲에 가 보면 오랜 세월을 자란 커다란 나무들을 만날 수 있어요. 몇백 년을 산 나무들도 있고, 건물보다 높이 자라는 나무들도 있어요. 나무는 무럭무럭 열심히 자라서 공룡처럼 커다래지기도 하지만 다른 생물들을 괴롭히거나 잡아먹지 않아요. 오히려 많은 동물들의 편안한 집이 되어 주고, 맛있는 열매를 나누어 주지요. 스스로 영양분을 만들어 수많은 동물에게 이로움을 준답니다. 식물이 뿌리를 땅에 두고 있다면, 우리들은 뿌리를 식물에게 두고 있는 셈이에요.

우리가 사는 지구가 아름다운 것은 동물보다 훨씬 더 많은 식물들이 살고 있기 때문일 거예요. 조용히, 하지만 놀랍도록 무성하게 자라는 식물들의 세계에는 어떤 비밀이 숨어 있는지 궁금하지 않나요? 식

　물은 어떻게 지구에서 살기 시작했고, 우리에게 어떤 영향을 미치고 있는지, 또 어려운 환경에서는 어떻게 살아남는지 말이에요.
　얼떨결에 아마존 열대 우림에 오게 된 우 기자, 그리고 열대 우림을 누비며 살아가는 초로리, 파오이와 함께 식물의 수수께끼를 풀어 보세요. 그러다 보면 전설의 인물, 슈웅도 만나고 식물의 세계를 더 가깝게 느낄 수 있을 거예요.

정민지

차례

작가의 말 • 4

등장인물 • 8

1장 아마존에 숨어 있는 비밀을 찾아라! • 10

2장 풀밭에 숨어 있는 비밀을 찾아라! • 24

3장 성벽에 숨어 있는 비밀을 찾아라! • 36

4장 사탕단풍에 숨어 있는 비밀을 찾아라! • 48

5장 매화 마을에 숨어 있는 비밀을 찾아라! • 60

6장 도깨비바늘에 숨어 있는 비밀을 찾아라! •72

7장 연못에 숨어 있는 비밀을 찾아라! •82

8장 사막에 숨어 있는 비밀을 찾아라! •92

9장 수마트라섬에 숨어 있는 비밀을 찾아라! •104

10장 은행나무에 숨어 있는 비밀을 찾아라! •116

우 기자와 함께하는 식물 수업 •20, 32, 44, 56, 68, 78, 88, 100, 112, 124

어린이가 미리 만난 전설의 슈웅 •22, 34, 46, 58, 70, 80, 90, 102, 114, 126

등장인물

우 기자

어리바리하지만 자존심이 센 잡지사 기자.
전설의 인물 슈웅을 인터뷰하기 위해
경비행기를 타고 열대 우림으로 간다.

슈웅

타잔을 매우 좋아하는 열성 팬으로
식물을 사랑한다.
과거, 현재, 미래에 대해서
모르는 것이 없다고 소문난 전설의 인물.
나이가 수백 살이라는 설도 있고,
식물들의 왕이라는 설도 있다.

파오이

열대 우림 띠리리 부족 소년.
평화와 안전을 사랑하며 소심한 성격이다.
모험심을 최고의 덕목으로 생각하는
띠리리 부족의 뜻에 따라
초로리와 탐험을 한다.

초로리

열대 우림 띠리리 부족 소녀.
따분한 것을 가장 싫어하며 호기심이 많다.
띠리리 부족 '어린이 탐험의 해'를 맞아 파오이와
열대 우림을 탐험하며 모험심을 키우던 중,
우림을 찾아온 우 기자를 만나서 함께
세계 식물 탐험을 한다.

원숭이와 앵무새

아마존 열대 우림에 사는 원숭이와 앵무새.
우 기자가 타고 온 경비행기를 구경하다가
우 기자 일행과 탐험을 다니게 된다.

1장
아마존에 숨어 있는 비밀을 찾아라!

아는 사람들만 아는 전설적인 인물이 있다. 바로 아마존의 전설, '슈웅'이다. 슈웅은 열대 우림 어딘가에서 살아가는 아주 특별하고 신비로운 사람이다. 타잔처럼 덩굴을 타고 슈웅슈웅 숲을 날아다닌다. 슈웅을 아는 사람이라면 모두들 그를 만나고 싶어 한다. 슈웅은 과거, 현재, 미래에 대해서 모르는 게 없다는 소문이 있기 때문이다. 나무처럼 수천 년이나 살았다는 소문도 있다. 하지만 슈웅이 정확히 어디에 살고 있는지 아는 사람은 없다.

전설의 슈웅과 달라도 너무 다른 사람이 있었으니 그가 바로 '우 기자'다. 무식해서 용감하다는 말은 딱 우 기자를 두고 한 말인 것 같다.

'내셔널호호그래픽' 잡지사의 어리바리 우 기자. 회의 시간에 아무 생각 없이 꾸벅꾸벅 졸던 우 기자는 '아마존'이라는 말에 귀가 번쩍 뜨여서 모두들 꺼리는 일을 덥석 맡고 말았다.

"우아! 공짜로 경비행기를 타고 세계를 여행할 수 있는 아주 좋은 기회네요. 제가 또 아마존 원주민 언어를 좀 하지 않습니까? 제가 가서 슈웅 씨와 인터뷰를 하고 오겠습니다! 우후후!"

그렇게 해서 우 기자는 경비행기를 타고 아마존강 가에 도착했다. 그러고는 열대 우림 한가운데서 큰 소리로 외쳤다.

"슈웅 씨! 슈웅 씨! 인터뷰 좀 해 주세요!"

하지만 우 기자 앞에 나타난 것은 슈웅이 아니라 엄청난 모기떼였다. 게다가 새들은 으스스한 소리로 울고, 나무들은 바람에 흐느적거렸다. 우 기자는 오싹해서 몸을 움츠렸다. 어디선가 사나운 동물이 나타나 자신을 날름 집어삼킬 것만 같았다.

"난 아직 장가도 못 갔는데, 엄마~!"

우 기자는 그제야 자기가 아마존 열대 우림에 온 것을 실감하고 눈물을 찔끔거렸다.

이때, 커다란 나무 꼭대기에 우뚝 서서 우 기자를 지켜보는 이가 있었으니, 그가 바로 전설의 인물, 슈웅이다. 슈웅은 덩굴을 타고 하늘을 날아 우 기자 앞을 휙 지나갔다. 우 기자 앞으로 한 장의 카드가 날아와 떨어졌다. 그리고 어디선가 웅장한 목소리가 들려왔다.

"앞으로 여러 장의 카드를 받게 될 거야. 거기에 적혀 있는 식물에 관한 수수께끼를 풀어 봐. 그러면 내가 인터뷰를 해 주지. 하지만 지금까지

그 수수께끼를 모두 푼 사람은 아무도 없었어. 도중에 독사에게 물리거나, 맹수한테 잡아먹히거나, 그것도 아니면 길을 잃고 어디론가 사라져 버렸지. 그러니 웬만하면 포기하고 돌아가는 게 좋을 거야."

우 기자는 당당하게 소리쳤다.

"난 포기하지 않아요!"

더 이상 슈웅의 목소리는 들리지 않았다. 우 기자는 바닥에 떨어진 카드를 주우려고 했다. 그런데 언제 나타났는지 원주민 아이 두 명이 우 기자의 눈앞에 서 있었다. 여자아이는 벌써

카드를 들고 있었다. 우 기자는 인상을 쓰며 말했다.
"돌려줘! 그 카드는 내 거야."
그러자 여자아이가 카드를 보며 말했다.
"어? 나 여기가 어딘지 아는데. 너도 알지, 파오이?"
남자아이가 고개를 끄덕였다.
"응, 초로리. 거기구나!"
우 기자는 구겨졌던 인상을 풀고 물었다.
"너희, 정말 그 카드에 그려진 곳이 어딘지 아니?"
둘은 고개를 까딱이며 대답했다.
"네!"
우 기자는 얼떨결에 초로리라는 여자아이와

파오이라는 남자아이를 따라 카드에 그려진 곳으로 향했다. 초로리와 파오이는 띠리리 부족의 아이들이었다. 띠리리 부족에게는 '어린이 탐험의 해'란 것이 있다고 했다. 아이들이 탐험을 통해 모험심을 기를 수 있도록 만든 것이란다. 초로리와 파오이는 어린이 탐험의 해를 맞아 열대 우림을 탐험하는 중이었다. 두 아이는 시간이 아주 많다며 우 기자를 돕겠다고 했다.

우 기자는 어른인 자신이 어린이들에게 도움을 받는다는 것이 영 자존심이 상했다. 하지만 낯설고 위험한 열대 우림을 혼자 헤매고 다니는 것보다는 아이들의 도움을 받는 편이 안전하겠다고 결론을 내렸다.

초로리가 들고 있던 카드에는 다음과 같은 문장이 적혀 있었다.

'식물은 빛으로 ▢▢▢ 을 만든다.'

파오이는 그 문장을 보더니 물었다.

"식물이 뭐지?"

"으이구, 너는 만날 보면서 식물이 뭔지도 모르니?"

초로리가 파오이를 핀잔했다. 그러자 우 기자가 간단하게 설명해 주었다.

"생물 무리의 하나인 식물은 뿌리, 줄기, 잎으로 되어 있어. 식물들은 대부분 뿌리를 박고 서서 다른 곳

살아 있는 모든 것들을 생물이라고 해. 생물은 크게 동물과 식물로 나눌 수 있지.

으로 옮겨 가지 않아. 식물의 가장 큰 특징은 성장에 필요한 영양분을 스스로 만들어 내는 거란다."

우 기자는 오랜만에 우쭐한 기분이 되었다.

우 기자의 말을 듣고 거저 주워 먹기의 선수, 파오이가 큰 소리로 외쳤다.

"어, 그러면 이 수수께끼의 답은 바로 영양분이잖아!"

초로리도 기뻐하며 폴짝 뛰었다.

"맞아! '식물은 빛으로 영양분을 만든다.'가 정답이다."

우 기자는 수수께끼의

식물은 빛으로 영양분 을 만든다.

답을 찾은 것은 기뻤지만 그 영광의 순간을 어리바리한 파오이에게 빼앗긴 것에 자존심이 상했다. 그래서 그런지 아마존 열대 우림이 더 후덥지근하게 느껴졌다. 우 기자는 카드에 영양분이라고 적어 넣었다. 그랬더니 흑백이었던 카드는 아름다운 색을 갖게 되었다. 우 기자가 쓴 답이 정답이라는 것을 알리는 것 같았다.

"제가 정답을 맞혔으니까 이 카드는 제가 가지고 있을게요."

파오이가 졸랐다. 우 기자는 할 수 없이 카드를 파오이에게 주었다. 그리고 앞으로 정답을 맞힌 사람이 기념으로 카드를 갖기로 했다.

하늘에서 낙엽처럼 또 하나의 카드가 떨어졌다.

'무화과나무는 ▢▢▢을 위해 하늘을 향해 자란다.'

우 기자는 이번 수수께끼는 기필코 자신이 풀어 보려고 열심히 생각해 보았지만 답을 알 수가 없었다.

'멀리 보기 위해? 아니면 기네스북에 오르기 위해?'

파오이가 창으로 나무 덤불을 헤치며 말했다.

"무화과나무는 하늘로 가고 싶어서 안달이 난 식물 같아요. 새들이 무화과를 먹고 나무 위에 똥을 누면 그 나무 위에서 무화과가 자라기 시작하거든요. 자라면서 땅으로 길게 뿌리를 뻗고, 하늘로 더 높이 가지를 뻗쳐요. 무화과는 땅에서 싹을 틔워도 기회만 있으면 무엇이든 타고 높이 올라가려고 해요."

어느새 카드에 그려진 무화과나무가 있는 곳에 도착했다. 무화과나무가 커다란 나무를 타고 하늘을 향해 자라고 있었다. 파오이는 허리에 손을 얹고 주위를 둘러보며 말했다.

"그리고 보니 무화과나무뿐만 아니라 다른 나무들도 모두 하늘을 향해 자라고 있네요. 풀도 그렇고, 꽃도 그렇고! 모두모두 하늘을 향해 자라고 있어요! 왜 그럴까요?"

초로리는 원숭이처럼 나무를 타고 높이 오르며 말했다.

"정말! 모두들 누가 더 높이 자라나 내기라도 하는 것 같아!"

우 기자는 수첩에 이것저것 적어 보며 생각했다.

"땅보다 하늘에 가까울수록 좋은 게 뭐가 있을까?"

그때 아주 높이 올라간 초로리가 소리쳤다.

"아, 눈부셔! 그 밑은 울창한 나뭇잎에 가려서 어두운데 여기 위쪽은 햇빛을 그대로 받으니까 훨씬 밝아."

파오이가 눈을 찡그리며 하늘을 올려다봤다.

"초로리, 무섭지 않아?"

초로리가 얼굴에 비치는 뜨거운 햇빛을 손바닥으로 가리며 말했다.

"응, 하나도 안 무서워. 식물들은 햇빛을 좋아해서 높이 올라가나 봐!"

파오이가 초로리를 놀리듯이 물었다.

"말도 안 돼! 식물들이 뭐 하러 뜨거운 햇빛을 받으러 힘들게 하늘로 올라가? 초로리 너는 뜨거운 햇볕 아래가 좋아, 시원한 그늘이 좋아?"

"그야 그늘이 좋지!"

"거봐! 말도 안 되는 소리로 내가 정답을 생각하는 걸 방해하지 말아 줘. 난 이미 수수께끼를 하나 풀어낸 몸이시니까!"

파오이는 거드름을 피웠다. 그때 우 기자의 머리에 문득 떠오르는 것이

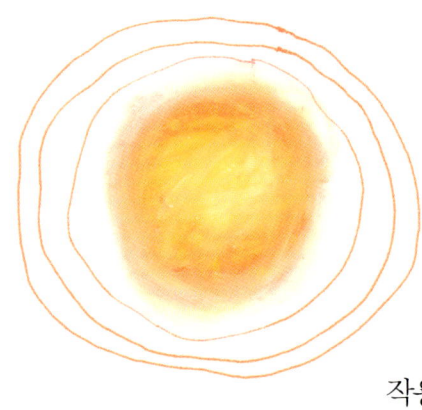

있었다.

"아, 광합성! 식물들은 초로리 말대로 빛을 좋아해! 식물이 영양분을 만들기 위해서는 햇빛, 물, 이산화 탄소가 필요하거든. 식물이 햇빛, 물, 이산화 탄소로 영양분을 만들어 내는 작용을 광합성이라고 해."

우 기자가 눈을 번뜩이며 말했다.

"식물들은 광합성에 필요한 햇빛을 얻기 위해 하늘을 향해 자라는 거야. 특히 열대 우림은 우거진 나무들 때문에 아래쪽이 어두우니까 무화과나무가 광합성을 하기 위해서는 다른 나무를 타고라도 높고 밝은 곳으로 올라가야 하는 거지. '무화과나무는 광합성을 위해 하늘을 향해 자란다.' 야호! 답을 찾아냈어!"

우 기자는 콜럼버스가 아메리카 대륙을 발견했을 때만큼 기뻐서 방방 뛰었다. 그러고는 카드에 답을 적어 넣었다. 그러자 흑백이었던 카드의 그림이 아름다운 색으로 변했다. 제대로 된 답을 찾기는 한 모양이었다.

초로리는 두 손을 모으며 말했다.

"와! 카드에 있는 무화과나무가 생생하게 살아 있는 것 같아!"

하지만 기쁨도 잠시! 한낮의 열대 우림은 너무나도 더워서 흥분된 기분을 오랫동안 이어 갈 수는 없었다.

우 기자의 몸에서는 땀이 줄줄 흐르고 있었다.

"아! 너무 덥고 목말라서 어지러울 지경이야!"

우 기자의 모습이 안타까웠는지 초로리가 붉은색 굵은 덩굴을 잘라서 우 기자에게 건넸다. 우 기자는 그 속에 고인 맑은 수액을 벌컥벌컥 마셨다. 파오이가 따다 준 야자열매와 멜론도 먹었다.

무화과나무는 광합성 을 위해 하늘을 향해 자란다.

"휴! 이제야 살겠다! 식물은 역시 대단해! 햇빛, 물, 이산화 탄소와 땅에 있는 약간의 무기질로 이렇게 맛있는 것들을 만들어 내다니!"

그때 우 기자의 불룩한 배 위로 또 한 장의 카드가 떨어졌다.

식물은 어떻게 빛으로 영양분을 만들까?

식물은 뿌리를 통해 흙 속에 있는 물과 무기질을 빨아들여서 잎으로 보내. 잎은 이산화 탄소를 빨아들이고 햇빛을 받아 영양분(포도당)을 만드는 일을 하지. 잎에서 만들어진 영양분은 식물 곳곳으로 보내져서 식물을 무럭무럭 자라게 하는 거야.

광합성을 통해 만들어지는 소중한 산소

광합성을 하기 위해서는 공기 중에 있는 이산화 탄소가 꼭 필요해. 식물은 잎에 있는 작은 구멍으로 공기 중의 이산화 탄소를 빨아들이지. 이렇게 해서 광합성을 하고 나면 산소가 남아. 식물은 구멍을 통해서 산소를 내보내고, 이 산소는 우리들이 숨을 쉬는 데 사용된단다. 우리들에게는 무척 고마운 일이지. 식물이 만들어 내는 산소가 없으면 사람을 비롯한 동물들은 숨을 쉴 수가 없으니까.

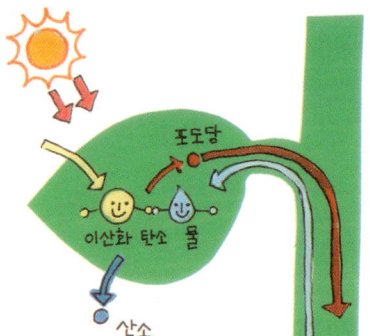

광합성

최초의 식물은 무엇일까?

지구에 살게 된 최초의 식물은 약 20억 년 전에 생겨난 '조류'야. 조류는 물속에 살면서 광합성을 하지. 미역, 파래, 다시마, 김이 조류에 속해.

물속에서 육지로 진화하다!

물속에서 조류가 생겨난 후로 식물은 점점 진화해서 약 5억 년 전에 땅 위로 올라왔어. 물가에 양탄자처럼 오밀조밀 모여 있는 '이끼식물'이 조류 다음으로 생겨났지. 그리고 드디어 땅 위에 '양치식물'이 생겨났어. 양치식물은 뿌리, 줄기, 잎이 나누어져 있고, 씨앗이 아닌 포자(홀씨)로 번식해. 대표적인 양치식물이 고사리야. 고사리의 기세를 꺾은 것이 '겉씨식물'이야. 겉씨식물은 소나무, 은행나무처럼 씨앗이 겉으로 드러나 있는 식물을 말해. 그 후로 사과나무, 감나무처럼 씨를 품은 씨방이 열매로 자라는 '속씨식물'이 생겨났어.

조류   이끼식물   양치식물   겉씨식물   속씨식물

어린이가 미리 만난 전설의 슈웅

식물이 지구를 지배한다고요?

안녕하세요, 슈웅 아저씨? 아저씨는 식물이 지구를 지배한다고 말해서 세상을 떠들썩하게 만든 적이 있으신데요, 앞으로 사람보다 더 똑똑한 식물이 나타나서 사람들을 지배할 것이란 뜻인가요?

어유, 만화책을 너무 많이 봤군! 내 말은 그게 아니야. 지구에 사는 생물들의 무게를 재면 식물이 약 82%를 차지해. 동물은 약 0.5%밖에 되지 않지. 나머지는 박테리아와 곰팡이, 바이러스, 원시 세균 등이 차지하고. 수많은 동물들이 식물을 이용해서 살아가고 있으니 식물이 지구를 지배하고 있다고 해도 되지 않을까?

맞아요. 그런데 주로 열대 우림에서 살고 계신 이유는 뭐예요?

난 식물을 좋아해! 사막에 있는 식물, 극지방에 있는 식물도 좋아하지만, 열대 우림은 식물의 천국이잖아. 열대 우림은 무척 덥고 비도 많이 내려. 햇볕도 쨍쨍 내리쬐고. 열대 우림의 이런 자연

조건은 식물들을 무럭무럭 자라나게 해. 열대 우림에서 빽빽하게 자라나는 식물들은 수많은 동물들의 먹을거리를 만들어 내고, 우리에게 꼭 필요한 엄청난 양의 산소도 만들지. 그래서 열대 우림을 '지구의 허파'라고 하잖아. 열대 우림이 없다면 엄청난 속도로 대기가 오염되고 말 거야. 그런데 사람들이 환경을 오염시켜 열대 우림이 점점 줄어들고 있으니 큰일이지.

식물은 고마운 생산자!

 슈웅 아저씨는 왜 그렇게 식물을 좋아하세요?

 생명을 지켜 주는 고마운 생산자니까. 동물은 식물이나 동물을 먹어서 몸에 필요한 영양분을 섭취해. 하지만 식물은 동물이나 다른 식물을 먹지 않아. 광합성을 통해서 스스로 영양분을 만들어 내지. 그래서 식물을 생산자라고 해. 식물을 먹고사는 동물들을 소비자라고 하고. 참! 분홍돌고래랑 아마존강에서 수영하기로 한 시간이네! 다음에 보자고!

 다음엔 어디서 만나요?

 그걸 내가 어떻게 알아? 어쨌든 식물이 있는 곳이겠지!

2장 풀밭에 숨어 있는 비밀을 찾아라!

우 기자의 배 위로 떨어진 카드에는 귀여운 고사리가 그려져 있었다.
'고사리는 꽃이 ☐☐☐☐.'
"고사리? 우리 할머니가 좋아하는 나무다!"
파오이가 말했다.
"으이구! 이건 나무가 아니라 풀이잖아!"
초로리가 '풀'을 강조하며 말했다.
"이게 어떻게 풀이냐? 나무지! 나랑 내기할래?"
파오이가 목에 핏대를 세우며 우겼다. 그러자 우 기자가 나섰다.
"자, 자! 나무랑 풀을 구별하는 기준을 알려 줄 테니까 다시 한번 생각해 봐. 나무는 여러 해를 살기 때문에 키가 크고, 줄기가 단단해. 나무의 줄기에는 나이테가 있지. 하지만 풀은 한두 해밖에 살지 못하고, 줄기가 연하고 키가 작아."

파오이는 여전히 고사리가 풀이라는 걸 받아들이지 못하고 투덜댔다.

"아니, 누구 마음대로 식물을 나무랑 풀로 나누는 거예요? 그냥 식물이면 다 같은 식물이지, 어떤 건 나무고 어떤 건 풀이고!"

초로리가 걸어가며 말했다.

"나누어 놔야 정리가 딱딱 돼서 찾고 싶은 걸 쉽게 찾아볼 수 있지. 식물은 나무와 풀로 나누는 것보다는 번식 방법에 따라서 나누는 게 훨씬 과학적이야. 번식 방법에 따라 식물의 특징이 달라지니까."

파오이는 초로리의 말을 탁 끊었다.

"어떻게 나누는지 말해 주지 마! 별로 알고 싶지 않으니까! 머리만 복잡해질 것 같아. 우리, 수수께끼부터 풀자!"

초로리는 생각에 잠겼다.

'이번 수수께끼의 정답은 뭘까?'

반면 파오이는 아무 말이나 마구 해 대서 두 사람을 짜증스럽게 했다.

"고사리는 꽃이 맛있다! 고사리는 꽃이 예쁘다! 고사리는 꽃이 비싸다! 고사리는……"

우 기자가 파오이의 입을 막으며 말했다.

"우리 이렇게 있지 말고 고사리꽃부터 찾아보자!"

우 기자가 앞장섰다. 모두 한참 동안 정글을 헤맸지만 고사리꽃은 아무 곳에도 없었다.

제일 먼저 파오이가 투덜거렸다.

"고사리는 많은데, 꽃이 핀 고사리는 왜 없는 거야? 아, 아직 꽃이 필 때가 안 돼서 그런가 봐……."

"끽끽끽끽."

어디선가 호들갑스러운 원숭이들의 웃음소리가 들려왔다.

초로리가 한숨을 쉬더니 제법 쓸 만한 생각을 말했다.

"고사리는 어느 분류에 속하는 거예요? 그걸 생각해 보면 단서를 찾을 수도 있잖아요!"

사실 우 기자도 식물의 분류에 대해서 초등학교 때 배우기는 했지만 기억이 가물가물했다.

"잠깐만!"

우 기자는 가방에 있던 식물책을 꺼냈다. 책에는 식물의 분류에 대해서 잘 나와 있었다.

"식물은 크게 꽃이 있는 꽃식물과 꽃이 없는 민꽃식물로 나뉘는구나! 민꽃식물에는 조류, 이끼, 고사리 등이 있고……."

"고사리?"

초로리가 외쳤다. 알고 보니 고사리는 민꽃식물에 속했다.

"그럼 고사리는 원래 꽃이 없는 식물이라는 거네? 그렇다면 수수께끼의 답은 '고사리는 꽃이 없다.'야."

초로리가 주먹을 부르르 떨었다. 고사리꽃을 찾겠다고 고생하며 정글을 누비고 다닌 걸 생각하니 억울해서 눈물이 날 지경이었다. 우 기자가 머리

를 긁적였다.

"그러네?"

파오이가 우 기자를 곱지 않은 눈빛으로 올려다보았다.

"무슨 어른이 그런 것도 몰라요? 그래서 어디 장가갈 수 있겠어요?"

우 기자는 파오이의 말에 마음이 상했다.

"어른이라고 다 아냐? 내가 그래도 경비행기도 몰 줄 알고, 잡지사에도 다닌다!"

초로리마저 얄밉게 말했다.

"파오이, 어른한테 그러면 못써! 대신 앞으로 뭘 물어보지는 말자!"

우 기자는 기가 죽어서 고개를 푹 숙이고는 카드에 답을 적어 넣었다.

그때 커다란 독수리가 날아와 우 기자가 들고 있던 카드 한 장을 낚아채 갔다. 모두들 깜짝 놀라서 소리쳤다.

"으아!"

파오이는 바닥에 엎드려 '용감한 띠리리 용사'라는 노래를 중얼거렸다. 띠리리 부족에는 그래야 독수리가 다시 돌아오지 않는다는 이야기가 전해지기 때문이다. 하지만 그사이 초로리는 하늘을 날고 있었다. 재빠른 초로리가 날아드는 독수리의 다리를 확 잡아챘지만 커다란 독수리는 아랑곳하지 않고 초로리를 달고 하늘로 올라가 버린 것이다.

파오이와 우 기자는 입을 다물었다. 둘 다 겁을 먹어 무슨 말을 해야 할지 몰랐다. 옷자락을 비비 꼬던 우 기자가 용기를 내서 말했다.

"내가 어른이니까 초로리를 구해 올게."

"아니에요! 초로리는 제 친구니까 제가 구해 올 거예요. 독수리가 아직 초로리를 먹지 않았다면요."

파오이는 제법 씩씩하게 말했지만 마지막에는 목소리가 떨렸다.

두 겁쟁이는 함께 초로리를 찾아보기로 했다.

"아마존강을 따라서 내려가면 독수리들이 모여 있는 곳까지 금세 갈 수 있을 거예요."

파오이는 강가에 매어 둔 카누를 타고 노를 저어 강 아래쪽으로 내려갔다. 강가에 있는 나무에는 맛있어 보이는 열매들이 주렁주렁 달려 있었다. 하지만 두 사람은 군침을 삼키며 꾹 참았다.

분홍돌고래가 반갑다는 듯이 물 위로 뛰어올랐다. 귀여운 돌고래만 보였던 것은 아니다. 한참을 더 가니 악어들이 격렬하게 싸우고 있었다. 두 사람은 악어들의 눈에 띄지 않기 위해 조심스레 노를 저었다.

드디어 독수리들이 우글우글 모인다는 커다란 망고나무가 보였다. 하지만 어쩐 일인지 독수리들은 보이지 않았다. 초로리 혼자 나무 구멍 속에 있는 커다란 독거미를 잡고 있었다.

우 기자와 파오이가 큰 소리로 초로리를 불렀다.

"초로리!"

초로리가 환하게 웃으며 말했다.

"멋진데! 둘이서 나를 구하러 온 거야?"

독수리들은 초로리가 괴롭히는 바람에 모두 달아나 버렸다고 한다. 그럴 만도 하지. 초로리는 나뭇가지에 걸린 또 다른 카드를 찾았다고 했다.

'꽃식물은 ☐를 가지고 있다.'

초로리가 씩 웃으며 말했다.

"난 답을 알 것 같아!"

파오이와 우 기자는 망고나무에 주렁주렁 열려 있는 열매를 허겁지겁 따 먹으며 물었다.

"답이 뭔데?"

"독수리 다리를 잡고 아래를 보다가 꽃이 피는 식물마다 열매가 있다는 걸 알게 됐어. 열매 속에는 씨가 있잖아."

파오이는 입안 가득 망고를 물고 맞장구를 쳤다.

"맞아!"

"그리고 아까 책에서 본 것처럼 꽃식물은 다시 속씨식물과 겉씨식물로 나뉘잖아. 그 말은 씨가 겉에 있든, 속에 있든 있기는 있다는 거라고. 그러니까 수수께끼의 답은 '씨'야! 꽃식물들은 씨를 만들어 내잖아."

초로리의 말에 둘은 고개를 끄덕였다. 우 기자는 답을 카드에 적어 넣었다. 카드는 역시 아름다운 색으로 변했다.

어느새 해가 뉘엿뉘엿 지고 있었다. 푸른 식물 위로 지는 아마존의 붉은 노을은 웅장하고 아름다웠다.

망고를 어찌나 많이 먹었는지 배불뚝이가 된 우 기자가 입을 닦으며 말했다.

"우리 내일은 내 경비행기를 타고 좀 시원한 곳으로 가자! 너무 더워서 살이 쭉 빠져 버리겠어!"

초로리와 파오이는 신나서 방정맞은 부리우가 춤을 추었다.

민꽃식물과 꽃식물

식물을 가장 크게 분류하면 꽃이 없는 민꽃식물과 꽃이 있는 꽃식물로 나눌 수 있어. 민꽃식물은 조류, 이끼류, 고사리류로 나눌 수 있지. 꽃은 씨앗을 만드는 일을 해. 그런데 꽃이 없는 민꽃식물에는 씨앗 대신 씨앗 역할을 하는 '포자'가 있어. 포자는 홀씨라고도 하는데, 고운 가루처럼 아주 작단다.

속씨식물과 겉씨식물

꽃식물은 다시 속씨식물과 겉씨식물로 나눌 수 있어. 소나무처럼 씨가 겉으로 드러나 있는 것을 겉씨식물이라고 하고, 씨가 영양 많은 씨방에 둘러싸여 있는 것을 속씨식물이라고 해. 꽃이 피는 대부분의 식물들이 속씨식물이지.

민꽃식물-고사리의 포자

속씨식물-사과의 씨앗

겉씨식물-소나무의 씨앗

쌍떡잎식물과 외떡잎식물

속씨식물은 다시 쌍떡잎식물과 외떡잎식물로 나눌 수 있어. 씨앗을 심어서 처음 올라오는 잎을 떡잎이라고 해. 떡잎이 하나만 나오는 것이 외떡잎식물, 두 개가 마주 붙어서 쌍으로 나오는 것이 쌍떡잎식물이야. 쌍떡잎식물은 잎 모양이 그물처럼 되어 있는 그물맥이고, 곧은뿌리를 가지고 있어. 그리고 외떡잎식물은 잎 모양이 가지런한 나란히맥이고, 잔잔한 뿌리가 많은 수염뿌리를 가지고 있지. 민들레, 장미, 사과나무 등이 쌍떡잎식물이고, 벼, 강아지풀, 옥수수 등이 외떡잎식물이란다.

쌍떡잎식물의 잎

외떡잎식물의 잎

식물을 분류하고 이름을 붙인 린네

린네는 18세기 식물학자야. '수술'과 같은 꽃의 기관을 바탕으로 식물을 분류하는 방법을 만들어 낸 사람이야. 식물을 체계적으로 분류하는 방법이 없었던 그 옛날, 수천 개의 식물을 종류별로 정리했어. 린네는 각각의 식물에 두 개로 된 라틴어 이름을 붙였어. 첫 번째 이름은 흔히 부르는 꽃의 이름이고, 두 번째 이름은 꽃의 특징을 설명해 주지. 이름 두 개를 쓴다고 해서 이명법이라고 해. 이명법은 지금도 사용하고 있어.

어린이가 미리 만난 전설의 슈웅

버섯은 어떤 식물에 속하나요?

슈웅 아저씨, 아무리 생각해 봐도 버섯이 어느 식물에 속하는지 모르겠어요. 버섯은 민꽃식물이에요, 꽃식물이에요?

이런,이런! 버섯 이야기를 꺼내니 버섯 구이가 먹고 싶군. 버섯은 식물이 아니야. 버섯은 곰팡이 같은 균류에 속하지. 버섯은 가는 실처럼 생긴 세포인 균사를 뻗어서 영양분을 흡수해. 식물들처럼 햇빛을 받아 광합성으로 영양분을 만들지 못하거든. 우리가 먹는 버섯은 균사가 포자를 퍼뜨리기 위해서 만들어 낸 것이지.

그럼, 버섯갓 아래에 있는 작은 포자는 씨앗 역할을 하는 거네요?

그렇지! 그 포자를 퍼뜨려 번식을 하는 거란다.

개나리도 나무예요?

 개나리는 키가 작잖아요. 그럼 나무가 아니라 풀인가요?

 개나리도 나무지. 키가 작지만 단단한 줄기를 가지고 있고 여러 해를 살잖아. 나무라고 다 키가 큰 건 아니야. 나무는 크게 두 종류로 나눌 수 있어. 소나무, 참나무, 은행나무처럼 커다랗게 자라는 '교목', 그리고 개나리처럼 여러 줄기가 고만고만한 크기로 자라는 '관목'!

땅에 사는 식물과 물에 사는 식물은 어떻게 달라요?

 바다에 사는 미역이나 연못에 사는 연꽃을 보면 신기해요. 식물도 이산화 탄소로 숨을 쉬어야 하는데 어떻게 물속에 살지요?

 식물은 크게 수생 식물과 육지 식물로 나누기도 해. 육지 식물들은 홀로 서 있어야 하기 때문에 단단한 줄기를 가지고 있고, 수생 식물은 물이 잎을 지탱해 주기 때문에 줄기가 부드러운 것들이 많아. 대신 공기가 부족한 물속에서도 호흡을 할 수 있도록 공기를 모아 두는 주머니를 가지고 있거나, 물 위로 나온 잎으로부터 공기를 전달받을 수 있는 공기 관을 가지고 있지.

3장
성벽에 숨어 있는 비밀을 찾아라!

우 기자는 아이들을 데리고 자신이 타고 온 경비행기가 있는 곳으로 갔다. 비행기 문을 열자 커다란 보아뱀이 의자 밑에서 기어 나와 풀숲으로 쓱 사라졌다. 비행기 안에서는 황금색 털이 비단처럼 고운 원숭이가 헬멧을 쓰고 버튼을 마구 누르고 있었다. 옆자리에서는 앵무새가 끽끽거리는 원숭이 소리를 흉내 내고 있었다.

우 기자가 이마를 짚었다.

"아이코!"

파오이가 우 기자의 옷자락을 마구 흔들며 졸랐다.

"원숭이와 앵무새가 함께 있으면 행운이 있다고 했어요. 원숭이랑 앵무새도 데리고 가요!"

초로리는 처음 보는 비행기가 마냥 신기해서 날개 위에 올라가 쿵쿵 뛰었다. 우 기자는 원숭이를 뒷자리로 보내고 비행기 시동을 걸었다. 조종석에는 카드 한 장이 놓여 있었다. 카드에는 커다란 성이 그려져 있었는데, 성은 담쟁이로 멋스럽게 뒤덮여 있고 정원에는 당근들이 자라고 있었다.

'당근은 ▭을 뿌리에 차곡차곡 저축한다.'

"그래, 이번에는 카드에 그려진 멋진 성이 있는 독일로 가자!"

우 기자와 아이들은 비행기를 타고 하늘로 날아올랐다. 초로리와 원숭이는 좋아서 눈이 튀어나올 뻔했고, 파오이와 앵무새는 무서워서 오줌을 쌀 뻔했다.

"사람이 새처럼 이렇게 높이 날면 죽을병에 걸릴지도 몰라요!"

파오이는 큰 소리로 투덜거렸지만 원숭이와 초로리가 지르는 환호성에 묻혀 버렸다.

우 기자는 카드에 그려진 성 앞에 비행기를 착륙시켰다. 비행기가 당근밭에서 미끄러지는 바람에 아주 커다란 나무를 들이받고서야 멈춰 섰다.

우 기자는 비행기 시동을 끄며 말했다.

"역시 나무는 튼튼해! 땅에 뿌리를 쫙 내리고 있으니까 비행기가 받아도 끄떡없네!"

그때 성을 관리하던 할아버지가 나와서 소리쳤다.

"우리 당근밭을 못 쓰게 만든 사람이 누구냐?"

우 기자는 손이 발이 되도록 싹싹 빌었다.

"죄송해요!"
하지만 할아버지는 그냥 넘어가지 않을 기세였다.
"잘못을 했으면 책임을 져야지. 다행히 당근이 다 자라서 수확할 때가 됐으니, 모두 뽑아서 이곳에 쌓아 두면 용서해 주지."
이렇게 해서 우 기자 일행은 졸지에 엄청난 양의 당근을 뽑게 되었다. 파오이가 두리번거리며 물었다.
"그런데 당근이 어디 있다는 거지?"
"그야 땅속에 있겠지! 우리가 먹는 주황색 당근은 뿌리 부분이잖아."

초로리가 당근을 하나 뽑아서 파오이에게 보여 주었다. 파오이의 눈이 둥그레졌다.

"와! 신기하다! 그럼 초로리 다리만 한 무도 땅속에서 자라는 거겠네?"

초로리는 파오이의 얼굴을 당장이라도 확 할퀴어 버릴 듯 쏘아보았다.

"뭐야? 내 튼튼한 다리가 그냥 만들어진 줄 알아? 다 몸에 좋은 음식을 고루 먹었기 때문이라고!"

"그럼 네 다리에 음식의 영양분이 모여 있단 소리네."

아이들의 이야기를 듣고 있던 우 기자는 정답을 생각해 냈다.

"아, 맞다! 당근은 영양분을 뿌리에 차곡차곡 저축한다!"

카드를 꺼내 답을 적어 넣은 우 기자는 흐뭇해하며 당근을 뽑기 시작했다.

당근밭에는 슈웅이 남겨 둔 카드가 있었다.

식물은 땅속에 뿌리를 내려서 물과 영양분을 빨아들여. 그리고 뿌리가 있어서 땅 위로 올라온 부분이 똑바로 서 있을 수 있는 거야.

당근은 **영양분** 을 뿌리에 차곡차곡 저축한다.

'담쟁이는 마디마다 ☐ 가 나온다.'

답을 알 리가 없는 우 기자는 일단 카드를 챙겨 두고 열심히 당근을 뽑았다. 처음에는 모두들 깔깔깔 재미있어하면서 이야기도 나누었다.

"내가 뽑은 당근의 모양 좀 봐!"

"내가 뽑은 게 더 크다."

하지만 시간이 갈수록 허리, 어깨, 다리, 무릎, 아프지 않은 데가 없었다. 그렇게 고된 시간을 견디며 당근 수확을 끝냈다.

할아버지가 아주 만족스러운 표정으로 말했다.

"모두 수고 많았어! 날도 좋으니 정원에서 식사를 대접하지."

모두들 잔뜩 기대했다. 할아버지는 음식을 내왔다.

"얼마든지 있으니, 마음껏 드시게!"

식탁에는 당근 샐러드, 당근 조림, 당근 스테이크, 당근 주스…… 온통 당근뿐이었다.

모두 한숨을 푹 쉬며 먼 산을 바라보았다. 그때, 초로리가 성벽을 가득 뒤덮으며 자라난 담쟁이를 보며 말했다.

"어? 담쟁이는 거미처럼 벽을 타고 올라가네?"

우 기자가 별생각 없이 중얼거렸다.

"담쟁이는 마디마다 발톱이 나오나 봐!"

여전히 거저 주워 먹기를 좋아하는 파오이가 외쳤다.

"아! 정답! 발톱!"

초로리가 어이없다는 듯이 말했다.

"말도 안 돼! 식물한테 무슨 발톱이냐? 줄기 아니면 뿌리겠지."

그러자 서로 눈치를 보며 생각했다. 담쟁이의 마디마다 나오는 것은 뿌리일까, 줄기일까?

"담쟁이는 마디마다 뿌리가 나온다!"

초로리가 재빠르게 외쳤다. 이제 우 기자에게 남은 것은 줄기였다. 우 기자는 잘 모르지만 우선 우겨 보기로 했다.

담쟁이는 마디마다 **뿌리** 가 나온다.

"답은 줄기야! 줄기에서 옆으로 뻗어 나왔으니까 당연히 줄기지. 뿌리는 땅으로 자라는 거잖아."

우 기자는 열심히 우기며 카드에 '줄기'라고 적어 넣었다. 그러나 카드는 변하지 않았다. 신난 초로리가 카드를 넘겨받아 '뿌리'라고 적어 넣었다. 그제야 카드는 아름다운 색으로 변했다.

우 기자가 살짝 기죽은 목소리로 말했다.

"담쟁이처럼 특이한 뿌리를 가진 식물도 있었구나! 뿌리가 달라붙어서 벽을 타고 올라갈 수 있는 거였어!"

파오이도 신기해하며 말했다.

"야, 정말 뿌리의 종류가 다양하구나. 나무처럼 굵직한 원뿌리에 곁뿌리가 달려 있거나, 옥수수처럼 자잘한 수염뿌리로 된 것만 있는 줄 알았는데 말이야. 당근처럼 영양분을 저장하는 뿌리도 있고, 담쟁이처럼 벽에 달라붙는 뿌리도 있네."

그때 초로리의 머리 위로 카드 한 장이 떨어졌다. 카드에는 거대한 폭포와 커다란 단풍나무가 그려져 있었다.

초로리와 파오이는 카드에 그려진 곳이 어디인지 도무지 알 수가 없었다.

"여기가 어딜까?"

"너희는 여기도 모르니? 자, 나만 따라와!"

우 기자는 싱글벙글 잘난 체를 하며 경비행기에 올라 시동을 걸었다.

뿌리에 골무가 있다고?

꽃처럼 화려하게 생기지는 않았지만 뿌리도 자기의 일을 충실히 할 수 있는 구조로 되어 있어. 뿌리 끝부분에는 생장점이 있어서, 이곳에서 뿌리가 쑥쑥 자라나지. 생장점은 뿌리골무가 감싸서 보호하고 있어. 골무란 바느질을 할 때 손끝을 보호하기 위해 끼는 것을 말해. 골무처럼 뿌리 끝을 보호한다고 해서 '뿌리골무'라는 이름이 붙었지.

뿌리 속에는 빨대가 들어 있나?

뿌리의 표면에서 흡수된 물은 뿌리 가운데에 있는 긴 관으로 모여. 이 관을 통해서 줄기로 물이 전해지지. 이 관은 여러 개로 되어 있어서 '관다발'이라고 해. 관다발은 물이 이동하는 통로인 물관부와 양분이 이동하는 통로인 체관부로 나누어져 있어. 관다발은 줄기와 잎맥까지 연결되어 있으니 뒤에서 다시 한번 배우게 될 거야.

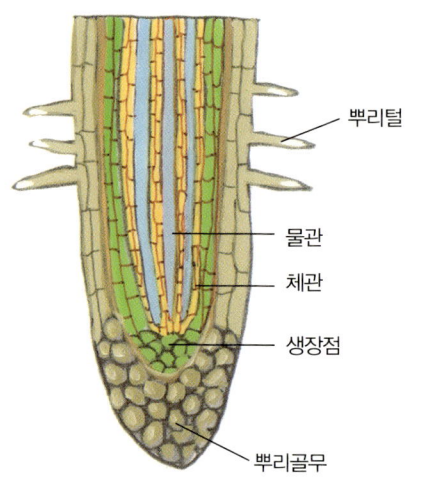

할아버지 수염을 닮았다고?

식물이라고 해서 모두 다 같은 모양의 뿌리를 가진 것은 아니야. 종류에 따라 뿌리 모양이 달라지지. 앞에서 쌍떡잎식물과 외떡잎식물의 뿌리 모양에 대해 배운 적이 있지?

쌍떡잎식물은 굵은 원뿌리를 중심으로 잔잔한 곁뿌리가 나. 그리고 옥수수같이 나란한 잎을 가지고 있는 외떡잎식물은 비슷한 길이의 뿌리가 덥수룩하게 자라지.

쌍떡잎식물의 뿌리   외떡잎식물의 뿌리

개성 강한 뿌리들이 모였다!

뿌리에는 무나 당근처럼 뿌리에 영양분을 저장하는 통통한 저장뿌리가 있는가 하면, 공기 중으로 모습을 드러낸 뿌리들도 있어. 이런 뿌리들을 '공기뿌리'라고 해. 공기뿌리에는 담쟁이처럼 옆에 있는 것을 타고 올라가는 '붙는 뿌리', 나무에 붙어사는 난초처럼 흐르는 물을 재빨리 빨아들이는 '흡수 뿌리'가 있어. 그리고 옥수수처럼 식물이 넘어지지 않도록 땅 위에서도 뿌리를 만들어서 지탱을 도와주는 '받침뿌리'를 가진 식물도 있어.

담쟁이의 붙는 뿌리   옥수수의 받침뿌리   난초의 흡수 뿌리

땅속 영양분은 어디서 오나요?

뿌리는 흙 속에 있는 물과 영양분을 빨아들이잖아요. 그럼 식물을 많이 키워 낸 흙은 영양분이 많이 없어지겠네요? 그런데도 어떻게 계속해서 식물들이 무럭무럭 자라요?

그래, 식물을 많이 길러 낸 흙은 영양분이 줄어들지. 그래서 농부들은 농작물을 키울 때 거름을 주거나, 한 해 걸러서 흙이 영양분을 다시 만들어 낼 때까지 기다렸다가 농작물을 심기도 해.

하지만 그리 걱정할 필요는 없단다. 흙에는 지렁이 같은 작은 생물들과 미생물들이 살고 있기 때문이야. 땅속에서 오글오글 살아가는 생물들과 미생물들은 동물의 배설물과 죽은 동물, 낙엽 같은 것들을 분해해서 미네랄을 만들어 내지. 미네랄 중

에는 식물에게 필요한 질소, 인, 칼륨 같은 것들도 있어서 식물이 잘 자라게 도와준단다.

땅을 기름지게 하는 식물도 있다고요?

땅을 오히려 기름지게 하는 식물이 있다고 들었어요. 그게 정말인가요?

그럼! 사람들은 영양분이 부족한 거친 땅에 콩을 심어. 콩은 척박한 환경에서도 잘 자라기 때문이야. 게다가 식물의 성장에 필요한 영양분을 만들어 내는 일도 하지. 콩의 뿌리에는 자잘한 혹들이 달려 있는데 이것은 뿌리혹박테리아가 콩 뿌리에 붙어살면서 만들어 낸 거야. 이름은 어쩐지 호감이 가지 않지만, 사실은 요 뿌리혹박테리아가 고마운 녀석이란다. 콩과 식물의 뿌리가 땅을 기름지게 하는 일을 돕고 있거든. 콩과 식물에 붙어사는 뿌리혹박테리아는 공기를 이용해서 식물에게 필요한 질소를 만들어 내지. 땅을 기름지게 하는 찰떡궁합, 콩과 뿌리혹박테리아 덕분에 콩을 심었던 자리에 다른 식물을 심으면 무척 잘 자란단다.

뿌리혹

4장 사탕단풍에 숨어 있는 비밀을 찾아라!

거대한 나이아가라 폭포가 있고 달콤한 시럽이 가득한 나라! 우 기자 일행은 하늘을 날며 무지개가 아름답게 드리워진 나이아가라 폭포의 웅장함에 감탄했다. 파오이는 자신이 나이아가라 폭포를 보게 된 것은 용감한 띠리리 용사가 될 징조라며 무척 들떠 있었다.

초로리가 물었다.

"아저씨, 이번 카드의 수수께끼는 뭐예요?"

"사탕단풍의 ☐☐☐에는 달콤한 물이 흐른다."

우 기자가 카드를 읽어 주자 들떠 있는 파오이가 말했다.

"달콤한 물이 흐르는 곳은 잘 모르지만, 시원한 물이 흐르는 곳이라면 알고 있는데. 바로, 나이아가라 폭포!"

초로리가 폭포를 내려다보며 말했다.

"와! 저 많은 물이 설탕물처럼 달콤하다면 여기가 바로 천국이겠다!"

"나이아가라 폭포가 달콤하다는 이야기는 못 들어 봤는데?"

우 기자의 말에 초로리와 파오이는 시무룩해졌다. 우 기자는 커다란 나무가 줄지어 있는 넓은 길에 비행기를 착륙시켰다.

초로리가 커다란 나무에 가까이 가 보았다.

"어? 나무가 오줌을 누는 것 같아!"

나무에는 관이 박혀 있고 그곳에서 졸졸졸 물이 흘러나와 받쳐 둔 양동이를 가득 채우고 있었다.

파오이가 눈을 동그랗게 뜨며 말했다.

"와! 정말?"

원숭이는 양동이에 모인 물을 조금 마셔 보더니 좋아서 끽끽거렸다.

"맛있나 봐!"

초로리도 물을 마셔 봤다.

"단맛이 느껴지는 것 같아. 도대체 어떻게 된 걸까?"

우 기자는 나무에 한쪽 팔을 기대며 모델처럼 약간은 느끼함이 느껴지는 자세를 취했다. 그리고 더 느끼한 말투로 잘난 척을 시작했다.

"이 나무는 캐나다의 상징, 사탕단풍나무야. 봄이 되면 이 나무줄기 속에서 수액이 많이 흐른대. 이 수액을 오랫동안 졸여서 꿀처럼 달콤한 메이플시럽을 만들지. 나도 도시에 있을 때는 말이야, 부드러운 와플 위에 메이플시럽을 뿌려 먹고는 했다고."

우 기자가 한껏 폼을 잡고 있는 동안 파오이와 초로리는 탐정처럼 손으로 턱을 괴고 생각했다. 그러다 초로리가 생각을 정리하며 말했다.

"달콤한 수액이 흐르는 사탕단풍나무라······."

파오이는 순간 번쩍 손을 들고 정답을 외쳤다.

"정답! 이번 카드의 정답은 줄기야! 사탕단풍나무에서 달콤한 물이 흐르는 곳은 바로 줄기잖아!"

파오이는 신이 나서 카드에 줄기라고 적어 넣었다. 역시나 카드는 아름다운 색으로 물들었다. 하지만 초로리는 고개를 갸웃했다.

"그런데 어떻게 나무의 줄기에 이렇게 많은 물이 있을까?"

오랜만에 나무 아래서 낭만에 젖어 폼을 잡던 우 기자가 헛기침을 몇

번 하더니 자세를 바르게 고치며 말했다.
 "그건 말이야, 튼튼하게 서 있는 줄기가 식물의 기둥 역할을 하기 때문이야. 위로는 잎과 연결되어 있고, 아래로는 뿌리와 연결되어 있지. 식물은 뿌리에서 흡수한 물과 영양분을 잎으로 보내고, 잎에서 만들어 낸 영양분을 아래로 옮겨. 이때 중요한 이동 통로가 되는 것이 줄기에 있는 관다발이야. 빨대나 호스처럼 길게 연결되어 있는 관다발을 통해서 영

사탕단풍의 줄기 에는 달콤한 물이 흐른다.

양분도 나르고, 물도 나르는 거야. 나무줄기를 흐르는 물을 수액이라고 하는데, 사탕단풍나무의 경우는 수액의 양이 무척 많고 단맛이 있어서 사람들이 시럽을 만드는 데 사용하는 거야."

우 기자가 말을 마치자 커다란 나뭇잎이 날아와 우 기자의 얼굴을 덮었다. 나뭇잎에는 글이 쓰여 있었다.

'내 친구, 띠리리 부족 족장이 수수께끼 여행을 끝까지 잘 마치고 돌아오면 초로리와 파오이에게 '용감한 어린이상'을 주겠다고 하는구나.'

파오이가 말했다.

"우아! 용감한 어린이상 빨리 받고 싶다. 상을 받으면 부족 아이들한테 영웅 대접을 받을 수 있어! 무서운 사냥을 나가지 않아도 되고, 늦잠을 자고 몇 달 동안 씻지 않아도 아무도 잔소리를 못 하지! 아, 그렇게 되면 정말 좋겠다."

초로리가 주먹을 불끈 쥐며 말했다.

"용감한 어린이상을 타면 맹수 사냥 자격증도 받게 돼! 와, 그럼 너무 좋겠다."

초로리와 파오이는 흥분해서 마구 떠들었다. 그사이 우 기자는 자기가 맞힌 수수께끼가 몇 개인지 세어 보았다. 우 기자가 맞힌 수수께끼는 두 개, 파오이도 두 개, 하지만 초로리는 세 개였다. 어린이들에게 영 체면이 서지 않았다.

"초로리보다 많이 맞혀야 하는데……."

우 기자는 고개를 떨구었다. 이때 우 기자를 위로하듯 카드 한 장이 어깨에 살포시 내려앉았다.

'단맛은 ☐☐☐ 에서 만들어진다.'

용감한 어린이상을 타고 싶은 파오이는 탐험 모범생이 되기 위해 생각을 게을리하지 않았다.

"사탕단풍나무는 어떻게 단맛을 만들지? 누가 흙에 설탕을 섞어 놓은 걸까? 그래서 뿌리가 물을 빨아들일 때 단맛도 빨아들이는 거 아닐까?"

파오이는 자기가 정답을 알아낸 것 같아 흥분됐다.

앵무새가 파오이에게 말했다.

"공부 좀 해라! 공부 좀 해라!"

"뭐라고?"

파오이는 화가 나서 앵무새를 잡으려고 팔을 휘저었다. 그러자 앵무새가 포르르 날아서 우 기자 뒤로 도망갔다.

우 기자는 곰곰이 생각해 보았다.

"뿌리가 아니라면, 잎이겠지! 잎에서 영양분이 만들어지면 그게 다시

단맛은 잎 에서 만들어진다.

줄기에 있는 관을 통해 아래로 내려간다고 했잖아."

우 기자가 카드에 '잎'이라고 적어 넣었다. 그러자 흑백이었던 카드가 아름다운 색으로 바뀌었다.

"우아! 성공! 역시 나뭇잎은 영양분을 만드는 부지런쟁이들이라니까!"

우 기자는 너무 신난 나머지 초등학교 3학년 이후 처음으로 개다리춤을 추었다. 원숭이는 우 기자의 모습을 보고 큰 소리로 웃으며 박수를 쳤다. 그러자 초로리가 말했다.

"아저씨는 기자가 되길 정말 잘한 것 같아요."

우 기자는 오랜만에 듣는 칭찬에 기분이 좋았다.

"너도 그렇게 생각하니? 하하하! 그렇지. 나 정도면 정말 능력 있는 기자지. 암!"

"그게 아니라 춤에는 영 소질이 없는 것 같아서요."

"뭐야?"

우 기자는 입을 삐죽거렸다. 하지만 그사이 파오이는 개다리춤에 푹 빠져서 열심히 우 기자를 흉내 내고 있었다.

우 기자와 함께하는
식물 수업

신기한 식물의 줄기

나무처럼 단단한 줄기를 나무줄기라고 하고, 풀처럼 연한 줄기를 풀 줄기라고 해. 그 밖에도 여러 특징에 따라 줄기의 종류를 나누기도 해.

양파, 파처럼 여러 겹으로 된 줄기는 비늘줄기, 나팔꽃, 칡의 줄기처럼 다른 것을 감아서 올라가는 줄기는 감는줄기라고 하지. 땅콩, 고구마처럼 옆으로 기어가듯 뻗는 줄기는 기는줄기라고 해. 감자처럼 땅속줄기에 영양분이 모여 뚱뚱한 덩이 모양을 이루는 줄기는 덩이줄기라고 해.

비늘줄기

감는줄기

기는줄기

덩이줄기

식물의 잎은 자연 가습기

건조한 실내에서 적당한 습도를 만들기 위해 가습기를 사용하는 경우가 많지? 매일 가습기의 물통을 씻는 게 번거롭다면 잎이 넓은 식물을 한번 키워 봐. 식물의 잎은 뿌리에서 빨아올린 물을 광합성 하는 데 사용하고, 남은 물은 잎에 있는 기공이라는 구멍을 통해서 공중으로 날려 보내거든. 이것을 증산 작용이라고 해. 식물의 증산 작용을 이용하면 공기의 습도를 조절할 수 있어.

나무 수액으로 탱탱한 고무도 만든다!

탱탱한 고무의 원료는 고무나무에서 나와. 고무나무에 상처를 내면 하얀 수액이 줄줄 흐르지. 이것을 가공해서 고무 타이어도 만들고, 고무장갑도 만드는 거야. 우리 주위에는 고무로 만든 물건들이 아주 많아.

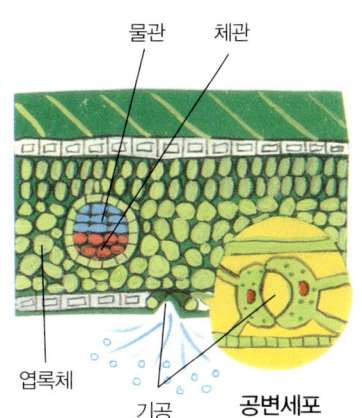

꽃다발은 알아도 관다발은 모르겠다고?

식물의 줄기를 잘라 단면을 보면 겉에는 단단하고 질긴 '겉껍질(표피)'이 있고, 그 안으로 연한 '껍질켜(피층)'가 있어. 껍질켜 안에는 관다발이 있는데, 관다발은 뿌리에서 올라오는 물을 나르는 물관과, 잎에서 만들어 낸 영양분을 나르는 체관으로 나누어져 있지. 외떡잎식물은 관다발이 줄기에 고르게 퍼져 있고, 쌍떡잎식물은 관다발이 강강술래를 하듯 둥글게 자리 잡고 있어.

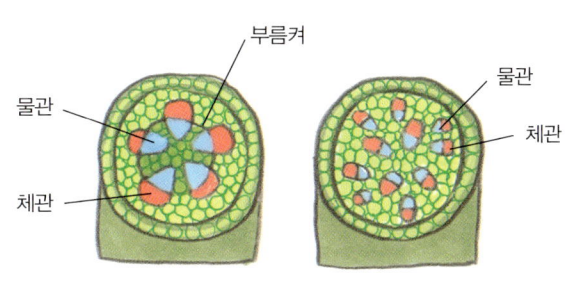

쌍떡잎식물에는 있지만, 외떡잎식물에는 없는 것은?

쌍떡잎식물은 줄기가 두꺼운 것이 많은데, 외떡잎식물은 줄기가 두껍지 않은 것 같아요. 왜 그런가요?

그래 맞아. 쌍떡잎식물은 줄기가 두껍게 자랄 수 있지만 외떡잎식물은 두껍게 자라지 못해. 그건 쌍떡잎식물에만 부름켜(형성층)라는 조직이 있기 때문이야. 쌍떡잎식물의 관다발에는 물관과 체관 사이에 부름켜가 띠를 이루고 있어. 이 부름켜에서 식물을 이루는 세포가 무럭무럭 자라나서 쌍떡잎식물의 줄기가 두꺼워지는 거지.

나무의 나이를 세는 방법

슈웅 아저씨, 나무의 나이는 어떻게 세나요?

 간단해. 나무를 잘라서 자른 면에 동그란 원이 몇 개 있는지 세어 보면 돼. 나무에 동그란 원이 생기는 이유는 부름켜 때문이야. 따뜻한 봄, 여름에는 부름켜가 쑥쑥 자라나서 색이 연하고 굵어. 하지만 추운 가을, 겨울에 생겨난 부름켜는 느리게 조금씩 자라나서 색이 진하고 얇지. 이렇게 연하고 두꺼운 원과 진하고 얇은 원을 한 세트로 해서 몇 개가 있는지 세어 보면 나무가 몇 년을 살았는지 알 수 있어. 이것을 나이테 라고 해.

잎에 있는 아주 작은 일꾼들

식물의 잎에서 영양분을 만드는 일꾼이 있다고요?

식물의 잎 모양은 저마다 다양해. 단풍나무 잎은 아기 손처럼 앙증맞게 갈라져 있고, 대나무 잎은 시원스럽게 쭉 뻗어 있어. 그리고 소나무처럼 가시 같은 잎을 가진 식물도 있지. 잎 모양이 어떠하든 간에 잎 속에는 식물에 필요한 영양분을 만들어 내는 숨은 일꾼들이 많아. 잎을 이루는 작은 알갱이인 세포 속에는 백 개가 넘는 엽록체가 들어 있어. 또 엽록체 속에는 광합성에 가장 중요한 역할을 하는 엽록소라는 색소 알갱이가 들어 있지. 이 엽록소가 바로 잎에서 영양분을 만드는 부지런한 일꾼인 셈이야.

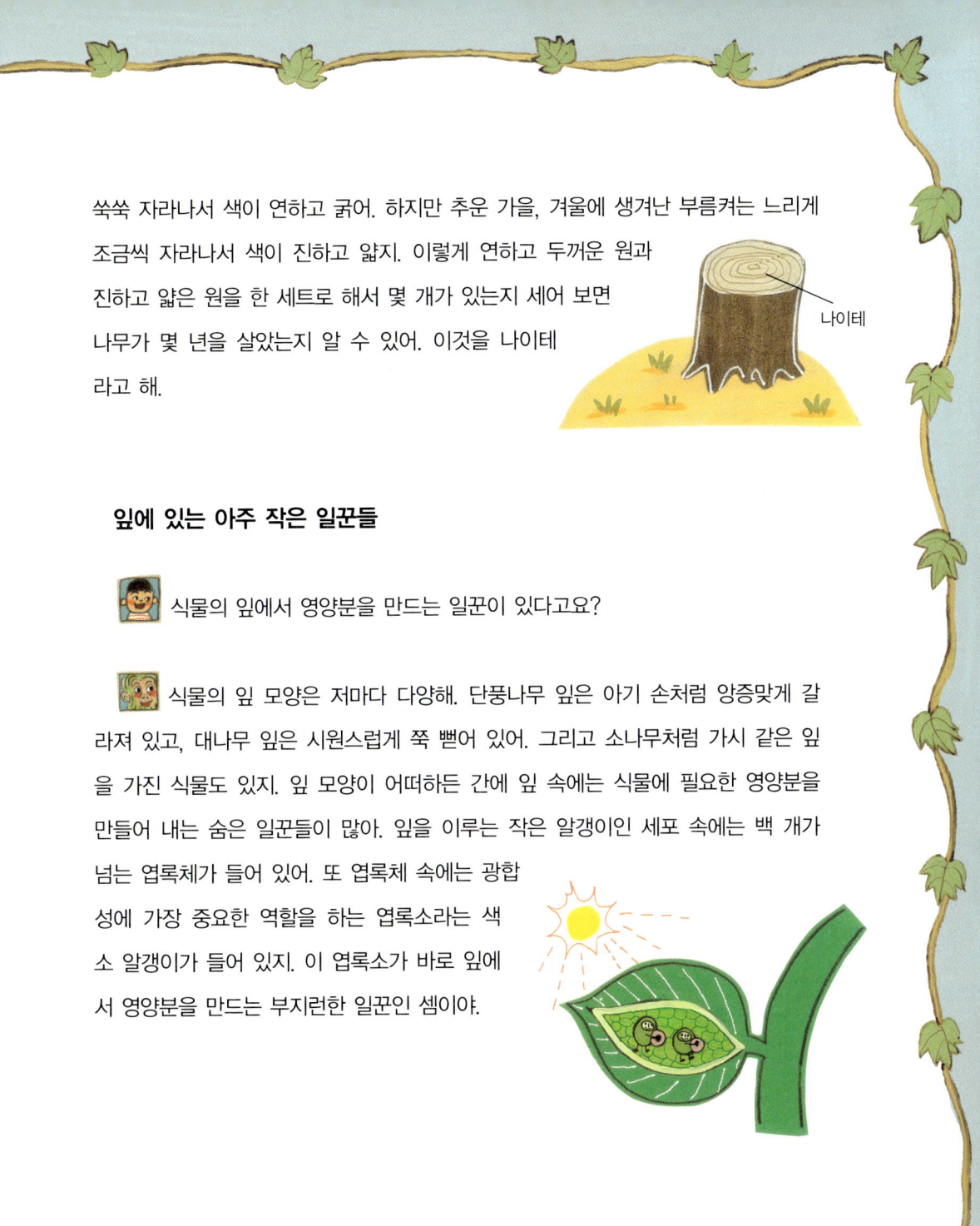

매화 마을에 숨어 있는 비밀을 찾아라!

"빠빠라밤~ 빠빠빰~ 빠빠라밤~."

우 기자의 가방에서 요란한 나팔 소리가 났다. 파오이는 가방 속에 유령이 있다며 귀신을 물리치는 주문을 중얼거렸고, 초로리는 호기심에 두 눈을 반짝였다.

우 기자는 가방에서 휴대 전화를 꺼내 받았다.

"여보세요, 할머니! 저 바빠서 못 가요. 먼 곳에 있어요. 아이참, 못 간다니까요! 여보세요?"

우 기자의 할머니는 자기 할 말만 하고 전화를 뚝 끊었다. 아주 커다란 메기를 잡았으니 먹으러 오라는 것이었다. 그런데 다시 전화가 왔다.

"어떤 요상한 양반이 너더러 수수께끼는 잘 풀고 있냐고 하더라. 그리고 카드 두 장을 남겨 두고 갔다."

할머니는 역시나 할 말만 하고 뚝 끊었다. 우 기자는 당장 비행기에 시동을 걸었다. 그리고 할머니가 살고 계신 매화 마을로 날아갔다.

"할머니~ 보고시퍼떠여!"

우 기자는 마중 나온 할머니를 보고 어리광을 부렸다. 초로리와 파오이는 그런 모습을 보고 인상을 찌푸렸다.

할머니가 앵무새를 보며 말했다.

"뭔 닭이 저렇게 생겼어? 먹을 것도 없겠다!"

앵무새는 할머니와 멀리 떨어진 장독대로 포르르 날아갔다.

할머니 집 마당에서는 매화나무밭이 내려다보였다. 하얀 꽃, 분홍 꽃이 가지마다 눈처럼 아름답게 피어 있었다.

할머니가 매화나무밭을 보며 말했다.

"올봄에 꽃이 저렇게 싱싱하게 많이 핀 걸 보면 매실이 풍년이겠어. 참! 카드 여기 있다."

할머니는 속주머니에서 카드를 꺼내 우 기자에게 주었다. 그리고는 부엌으로 가서 금세 푸짐한 밥상을 차려 왔다.

'꽃이 아름다운 색과 향기를 가진 이유는 ☐☐을 부르기 위해서다.'

"초로리, 저 꽃들은 누구를 부르기 위해서 저렇게 아름답게 피어나는 걸까?"

"글쎄? 적어도 파오이 널 위해서 그런 건 아닐 것 같은데?"

할머니는 초로리와 파오이를 방으로 불렀다.

"꼬맹이들, 어서 손 씻고 와서 밥들 먹어!"
우 기자는 이미 수저를 들고 군침을 삼키고 있었다.
메기매운탕을 처음 먹어 보는 초로리와 파오이는 너무 매워서 머리까지 얼얼할 지경이었다. 하지만 우 기자는 땀까지 뻘뻘 흘리며 맛있게 먹었다.
"에잇! 똥파리가 어디서 나타난 거야?"

우 기자가 손을 휘휘 저어 파리를 쫓았다. 하지만 어디선가 다른 파리가 또 나타났다.

할머니가 앵무새에게 땅콩을 하나씩 주며 말했다.

"냄새는 곤충을 부르기 마련이지. 꽃향기가 벌이나 나비를 부르는 것처럼."

할머니는 그새 앵무새에게 정이 드신 모양이었다.

"아!"

그 순간 우 기자의 머리에 번뜩 떠오르는 것이 있었다.

"곤충! 꽃이 아름다운 색과 향기를 가진 이유는 바로 곤충을 부르기 위해서야!"

우 기자가 밥풀을 튀기며 말했다. 그러고는 카드에 곤충이라고 적어 넣었다.

꽃이 아름다운 색과 향기를 가진 이유는 곤충 을 부르기 위해서다.

정답을 맞히지 못한 파오이가 아쉬운 마음을 애써 감추며 말했다.
"꽃이 곤충을 뭐 하러 불러요? 외로움을 많이 타는 성격인가?"
그러자 우 기자가 우쭐한 얼굴로 설명해 주었다.
"꽃은 식물의 생식 기관이야. 자손을 퍼뜨리기 위한 기관이지. 동물이 짝짓기를 해서 자손을 퍼뜨리듯이, 식물도 생식 기관인 꽃을 이용해서 다른 꽃과 짝짓기를 하고 자손을 퍼뜨리는 거야. 그런데 꽃은 동물들처럼 짝짓기를 할 상대를 찾아다닐 수가 없잖아. 그래서 곤충을 불러서 수술에 있는 꽃가루를 다른 꽃의 암술에 옮기도록 하는 거야. 그러면 수정이 이루어져서 꽃이 열매를 맺게 되지."

우 기자 일행은 정성이 가득한 식사를 마치고 매화나무밭으로 갔다. 할머니는 또 한 장의 카드를 건네주었다

'꽃에 있는 ☐☐☐이 자라 열매가 된다.'

매화나무밭에 오니 원숭이가 연거푸 재채기를 했다.
"에취! 에취!"
원숭이의 침 세례를 받은 초로리가 얼굴을 닦으며 말했다.

벌들이 공짜로 꽃가루를 옮겨 주는 것은 아니야. 벌들이 꽃을 찾아드는 이유는 꽃에서 달콤한 꿀을 얻기 위해서지. 꽃과 벌은 서로를 돕고 있는 거야.

꽃은 곤충들이 쉽게 찾아올 수 있도록 화려한 색과 모양으로 자기가 있는 곳을 나타내고, 멀리서도 찾아올 수 있도록 향기도 내뿜지.

"꽃가루 알레르기가 있나 봐!"

파오이는 꽃을 자세히 살펴보았다.

"꽃을 자세히 보니까 작은 꽃 속에 있는 귀여운 수술에 고운 꽃가루가 붙어 있네요?"

할머니가 원숭이 코를 치맛자락으로 닦아 주며 말했다.

"수술은 꽃가루를 만들고, 암술은 꽃가루를 받아들여서 아래에 있는 씨방으로 보내지. 씨방에서 수정이 일어나면 씨방이 부풀어 열매가 되는 거야. 엄마 배 속에서 아기가 자라듯, 씨방에서 열매가 자라는 거지."

할머니는 종이에 싸 온 매실정과를 펼쳤다.

꽃가루의 이동

"매화나무의 열매가 바로 매실이란다. 이 매실정과를 좀 먹어 보렴. 매실을 달콤한 물엿하고 꿀을 넣고 졸여서 만든 거야."

모두 매실정과를 하나씩 입에 넣었다. 초로리가 감탄을 하며 정과 하나를 더 입에 넣었다.

"음! 달콤하고 향긋해요!"

우 기자는 매실정과를 씹으며 생각했다.

꽃에 있는 씨방 이 자라 열매가 된다.

"이번 문제는 '꽃에 있는 무엇이 자라 열매가 된다.'인데? 그러면 정답이……."

우 기자가 망설이고 있는 동안 할머니가 대답해 버렸다.

"씨방이지! 여태까지 내가 한 말을 콧구멍으로 들은 겨?"

할머니가 면박을 주었다. 우 기자는 토라져서 입을 쭉 내밀었다.

할머니는 우 기자 입에 매실정과 하나를 쏙 넣어 주며 말했다.

"참! 송송인가 슝슝인가 하는 양반한테 전화 왔었어. 캥거루인지, 콩가리인지, 암튼 그거 사는 데로 오라던데? 할 말이 있다고."

"어? 슈웅이 인터뷰해 주려는 걸까?"

우 기자는 금세 신이 나서 아이들과 함께 캥거루와 코알라가 사는 오스트레일리아로 향했다.

우기자와 함께하는 식물 수업

꽃도 짝짓기를 한다고?

꽃도 자손을 퍼뜨리기 위해서 짝짓기를 해. 수술의 꽃가루가 암술에 전해지는 것이 바로 식물의 짝짓기인 꽃가루받이야. 식물은 한 꽃 안에 수술과 암술이 함께 있는 경우가 많은데, 그렇다 해도 가능한 한 다른 꽃의 꽃가루를 받으려고 해. 하지만 꽃이 직접 꽃가루를 옮길 수 없으니 여러 가지 방법을 이용하지.

곤충들이 꽃가루를 옮겨 꽃가루받이를 하는 꽃은 충매화라고 해. 장미꽃, 호박꽃 등이 충매화인데, 대개 꽃잎이 아름답고 진한 향기가 있어.

가벼운 꽃가루를 바람에 날려 꽃가루받이를 하는 꽃도 있는데, 이런 꽃은 풍매화라고 해. 옥수수, 벼 같은 것으로, 꽃이 작고 소박하지.

물수세미, 검정말처럼 물에 사는 식물들은 물에 꽃가루를 흘려보내서 꽃가루받이를 해. 이런 것을 수매화라고 하지.

곤충 대신 새들이 꽃가루받이를 도와주는 조매화도 있어. 동백꽃이 대표적인 조매화야. 주로 동박새가 꽃가루를 옮겨 주지.

| 충매화 | 풍매화 | 수매화 | 조매화 |

씨방은 어디에 있는 걸까?

꽃은 보통 꽃받침과 꽃잎, 암술과 수술로 이루어져 있어. 수술에서는 꽃가루가 만들어지고, 암술은 꽃가루를 받아 아래쪽에 있는 씨방으로 보내는 일을 해. 이때 열매가 자라는 씨방이 꽃받침 위에서 자라는 것을 참열매라고 하고, 씨방이 꽃대나 꽃받침과 함께 자라는 것을 헛열매라고 해. 참열매에는 감, 귤 등이 있고 헛열매에는 사과, 딸기, 배 등이 있지.

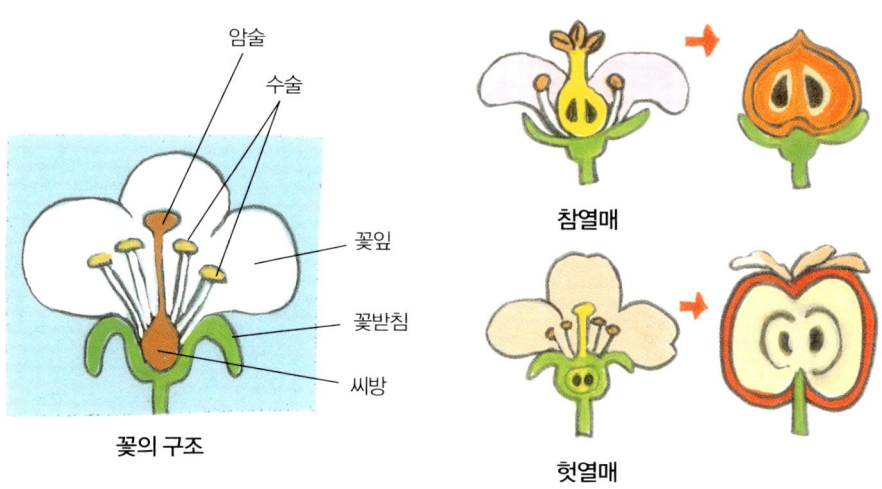

꽃잎의 숫자를 세어 보라고?

외떡잎식물과 쌍떡잎식물을 기억하지? 이 두 종류의 식물은 꽃잎의 모양을 결정하는 방법도 달라. 외떡잎식물은 꽃잎이 3의 배수로 되어 있어. 꽃잎이 3장이거나 6장처럼 되어 있다는 뜻이야. 그리고 쌍떡잎식물은 꽃잎이 4 또는 5의 배수야. 4장, 8장, 5장, 10장처럼 말이야.

생선 썩는 냄새가 나는 거대한 꽃!

 슈웅 아저씨, 세상에서 가장 큰 꽃은 뭐예요?

 열대 우림에서 자라는 라플레시아가 커다란 꽃으로 유명해. 지름이 1m에, 무게가 11kg이나 나가는 거대한 꽃이거든. 라플레시아의 꽃가루를 옮겨 주는 것은 파리야. 라플레시아는 파리를 부르기 위해 생선이 썩는 것 같은 고약한 냄새를 풍기지.

밤에 피는 꽃의 꽃가루받이!

 달맞이꽃은 깜깜한 밤에 피는데 어떻게 꽃가루받이를 해요?

 더운 날씨를 싫어하는 달맞이꽃은 밤에만 피어. 낮에는 꽃잎을 오므리고 있다가 밤이 되면 활짝 펼치지. 그래서 달맞이꽃의 꽃가루받이는 밤에 활동하는 나방이 담당해. 둘은 아주 찰떡궁합이지.

국화는 갈래꽃일까, 통꽃일까?

 이번에는 갈래꽃과 통꽃에 대해 알려 주세요.

꽃잎이 한 장씩 따로 떨어져 있는 꽃을 갈래꽃, 하나의 통처럼 연결되어 있는 꽃을 통꽃이라고 해. 장미, 유채꽃 같은 꽃들이 갈래꽃이고, 나팔꽃, 호박꽃 같은 것들이 통꽃이야. 그런데 헷갈리는 꽃이 있어. 국화꽃은 갈래꽃처럼 생겼지만 통꽃이거든. 꽃잎처럼 보이는 것 하나하나가 모두 독립된 꽃송이야. 줄기 하나에 수많은 꽃이 피어 있는 셈이지.

'푸야'라는 식물은 몇 년을 키우면 꽃을 볼 수 있을까?

 꽃이 피는 데 아주 오래 걸리는 식물도 있나요?

거대한 꽃으로 유명한 '푸야 라이몬디'는 키가 10m 정도까지 자라. 수천 개의 꽃송이가 모여 커다란 꽃을 이루지. 하지만 직접 푸야 라이몬디를 키워서 그 화려하게 터지는 수천 송이의 꽃망울을 보고 싶다면 인내심이 아주 많아야 해. 꽃을 피우는 데 백 년이 걸리기도 하니까. 게다가 꽃을 피우고 나면 푸야는 죽고 말지.

6장
도깨비바늘에 숨어 있는 비밀을 찾아라!

슈웅이 할 말이 있다면서 우 기자 일행을 오스트레일리아로 불렀다. 우 기자는 인터뷰를 하기 위해 녹음기와 필기도구, 사진기를 챙겨서 비행기에서 내렸다. 하지만 오스트레일리아의 드넓은 벌판에서 어떻게 슈웅을 찾아야 할지 막막했다.

우 기자와 아이들은 큰 소리로 슈웅을 불렀다.

"슈웅 씨!"

그러자 멀리서 자욱한 먼지구름이 우 기자를 향해 다가왔다. 점점 가까워지는 먼지구름 속에는 캥거루 몇 마리와 캥거루를 타고 있는 슈웅이 있었다. 우 기자는 서둘러 사진을 찍었다. 슈웅은 덥수룩한 더벅머리에 원시인같이 너덜너덜한 옷을 입고 있었다.

"잠깐! 세상에 처음 알려지는 내 모습이 이래서야 되겠어? 사진은 다음에 찍고 어서 나 좀 도와주게!"

슈웅의 머리와 옷에는 가시 같은 것이 잔뜩 붙어 있었다. 옆에 서 있던 캥거루들도 마찬가지였다. 우 기자가 물었다.

"어떻게 된 거예요?"

"풀밭에서 캥거루들하고 레슬링을 하다가 이렇게 됐어. 자, 카드! 이게 이번 수수께끼야."

슈웅은 카드를 내밀었다.

'☐☐☐☐ 밭에서 레슬링을 하면 슈웅처럼 된다.'

우 기자가 슈웅의 몸에서 가시 같은 것 하나를 떼어 내 살펴보았다.

"이 가시같이 생긴 게 뭔지 알아내면 될 텐데, 이게 뭐지?"

파오이가 말했다.

"아! 이거 뭔지 알아요! 도깨비바늘의 씨앗이에요. 그렇다면 '도깨비바늘밭에서 레슬링을 하면 슈웅처럼 된다.'가 답이겠네요. 도깨비바늘은 씨앗에 깔끄러운 가시 같은 털이 있어요. 동물의 털에 붙어서 멀리 퍼지게 하려고요."

우 기자는 조용히 카드를 파오이에게 주었다. 그리고 도깨비바늘의 씨앗을 떼어 내며 투덜거렸다.

"왜 귀찮게 멀리 가려고 하는 거야?"

슈웅은 하품하며 말했다.

"그야, 한곳에 모여서 뿌리를 내리면 햇빛, 물, 땅속에 있는 영양분을 서로 가지려고 싸움이 날 거 아니

'도깨비바늘 밭에서 레슬링을 하면 슈웅처럼 된다.'

야? 그러다 보면 누구 하나 번듯하게 자라기 힘들테고! 그러니 될 수 있으면 씨앗을 멀리 퍼뜨려서 넉넉한 땅에서 자리를 잡게 하는 게 좋지."

앵무새와 원숭이까지 캥거루와 슈웅 몸에 붙은 도깨비바늘의 씨앗을 떼어 냈다. 캥거루는 상쾌한 표정을 지었다.

슈웅은 갑자기 먼 하늘을 가리키며 물었다.

"어? 저기, 저게 뭐지?"

모두 그곳을 바라보았다.

"어디요?"

그리고 다시 고개를 돌려 보니 슈웅은 그새 캥거루를 타고 멀리 사라지고 있었다. 우 기자는 사진기를 꽉 쥐며 안타까워했다.

"으아! 속았잖아!"

홀로 남아 있던 작은 캥거루가 주머니에서 카드를 꺼내 우 기자에게 주고 슈웅을 따라갔다.

'끈적이는 새똥이 ▢▢▢▢를 멀리 퍼지게 한다.'

파오이가 표정을 일그러뜨렸다.

"끈적이는 새똥? 윽!"

초로리가 말했다.

"끈적이는 새똥이 '냄새'를 멀리 퍼지게 한다?"

다들 별 반응이 없었다. 초로리도 큰 기대를 하고 말한 것은 아니었다.

"아, 따분해! 원숭이 씨, 우리 나무 타기 시합이나 할까?"

초로리는 그렇게 말하고는 후닥닥 나무로 달려갔다. 원숭이도 덩달아 달려가 나무를 기어올랐다. 나무 꼭대기에 먼저 닿은 것은 초로리였다.

"우하하! 내가 이겼다!"

기뻐하던 초로리에게 새 한 마리가 보였다. 새는 나뭇가지에 힘겹게 엉덩이를 문지르고 있었다.

"어머! 너 뭐 하니?"

초로리가 가까이 가 보았다.

"안됐구나! 겨우살이의 열매를 먹은 모양이야!"

초로리가 쯧쯧 혀를 찼다.

파오이가 물었다.

"아니, 왜? 겨우살이 열매가 뭐 어때서?"

"겨우살이 열매를 먹고 똥을 누면 똥이 끈끈해져서 쉽게 나오지 않거든. 그래서 엉덩이를 나뭇가지에 문지르는 거야."

우 기자가 말했다.

"겨우살이는 좋겠다! 어차피 다른 나무의 가지에 붙어서 살아가는 식물인데, 저렇게 되면 새들이 씨앗을 나뭇가지에 단단하게 붙여 주는 꼴이 되잖아!"

우 기자는 자기가 한 말에 답이 있다는 것을 알아차렸다. 수수께끼를 풀면서 느는 것이라곤 눈치와 순발력뿐이던가? 우 기자는 재빨리 카드에 '겨우살이'라고 적어 넣었다.

끈적이는 새똥이 **겨우살이** 를 멀리 퍼지게 한다.

카드는 아름다운 색으로 바뀌었다. 우 기자가 오랜만에 우쭐해했다.

"얘들아, 나만 믿어! 난 어른이라서 아는 게 참 많거든. 너희들은 내 덕에 용감한 어린이상을 받게 될 거야! 음하하하하!"

초로리가 우 기자의 어깨를 다독이며 말했다.

"네, 고맙게 생각해요. 고사리꽃을 찾으러 다녔던 일이 특히 기억에 남네요."

우 기자는 어쩐지 '메롱'을 당한 기분이었다.

우기자와 함께하는 식물 수업

특이한 방법으로 번식하는 식물들!

 식물들은 여러 가지 방법으로 번식을 해. 딸기는 표면에 깨알 같은 씨앗이 있지만 딸기의 씨앗을 심어 봐야 소용이 없어. 딸기는 줄기로 번식하는 식물이거든. 줄기가 땅을 기면서 자라다가, 줄기 중간중간에서 뿌리가 자라는 방법으로 번식해. 그리고 고구마처럼 뿌리에 양분을 가득 담고 있는 식물은 뿌리로 번식을 하지. 고구마를 물에 담가 두면 싹이 자라는 것을 본 적이 있지? 이처럼 뿌리의 일부를 잘라 땅에 심어 두면 새로운 싹이 자라나. 또, 맛있는 바나나는 중심 줄기 옆에 자란 포기들을 나누어서 번식해.

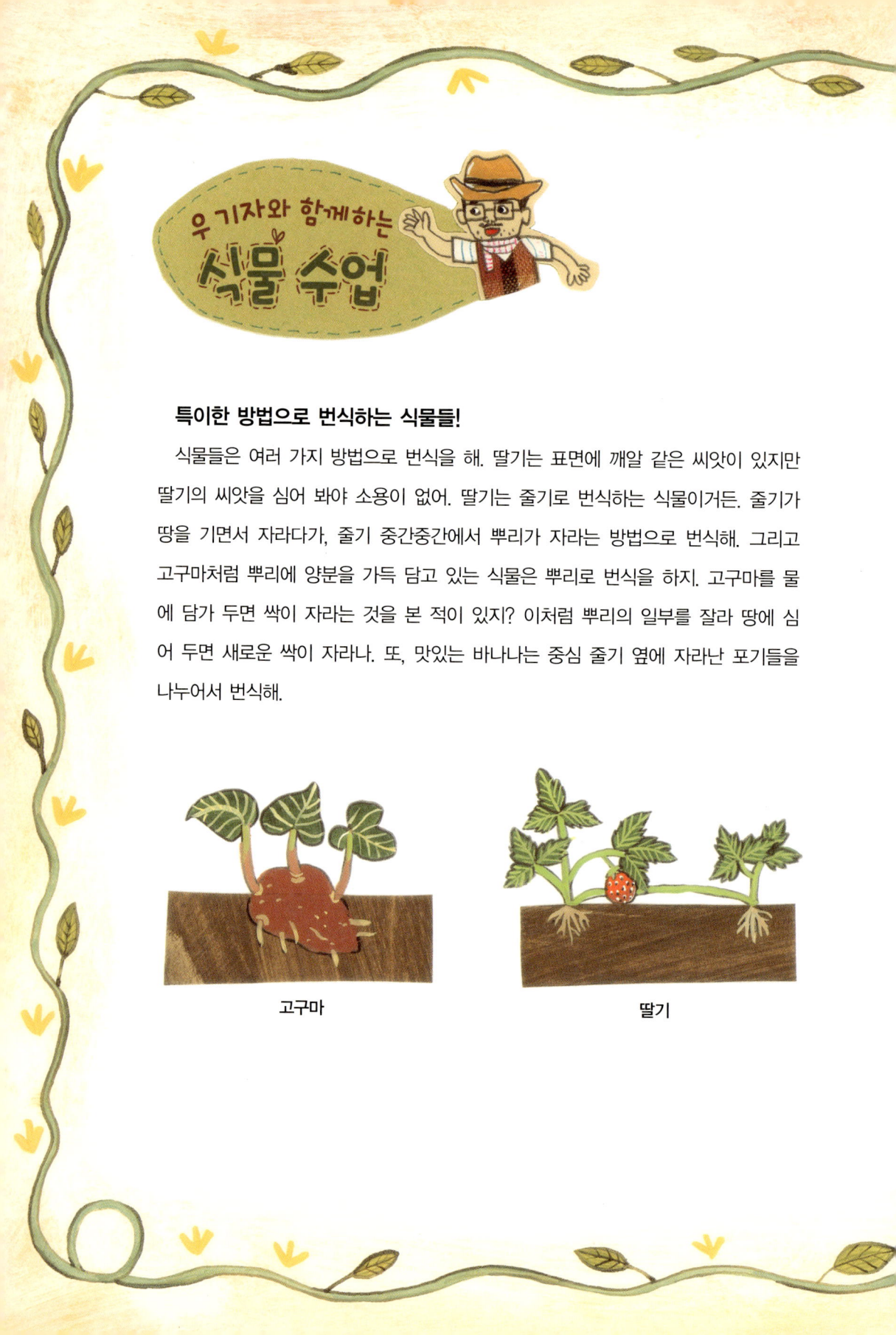

고구마　　　　　　　　　　딸기

스스로 씨앗을 심는 땅콩!

 부지런한 농부처럼 열심히 씨앗을 심는 식물도 있어. 땅콩은 꽃을 피워 꽃가루받이가 끝나면 꽃이 열렸던 꽃대가 쑥쑥 자라나 땅을 향해 굽어. 그리고 땅속을 파고 들어 가 열매를 맺는데, 그게 바로 고소한 땅콩이야.

땅콩

새로운 생명으로 자라날 씨앗!

 씨앗은 줄기와 잎이 될 '배'와 배가 자라나는 데 필요한 영양분을 제공하는 '배젖'으로 되어 있어. 씨앗은 여행을 하다가 적당한 환경을 만나면 뿌리를 내리고 싹을 틔우지. 콩과나 국화과의 식물은 배의 떡잎 속에 양분을 저장해서 배젖이 없는 경우도 있어.

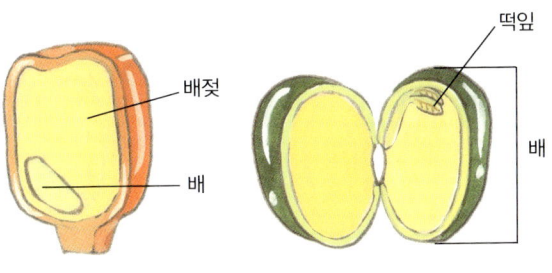

옥수수의 씨앗   콩의 씨앗

오랜 세월을 견디는 씨앗!

 일본에서 2000~3000년 전의 것으로 보이는 연꽃의 씨앗이 발견되었어. 그 씨앗을 심었더니 놀랍게도 싹이 났지 뭐야. 씨앗은 알맞은 환경을 만날 때까지 아주 오랜 시간을 견딜 수 있대.

씨앗을 멀리 퍼뜨려요!

 한 가족이 옹기종기 모여 살면 좋지 않나요? 왜 식물들은 씨앗을 멀리 퍼뜨리려는 걸까요?

더 좋은 조건에서 자라게 하기 위해서야. 한곳에서 바글바글 모여서 자라면 햇빛도 나눠 가져야 하고, 땅속에 있는 물이나 영양분도 나눠 가져야 하지. 그러면 서로 자라는 데 방해가 되잖아. 게다가 커다란 어미 나무 아래서 뿌리를 내리면 그늘이 지기 때문에 햇빛을 충분히 받지 못해서 잘 자라지 못해. 그래서 어미 식물들은 씨앗을 넓은 세상으로 멀리멀리 보내려는 거야.

그럼, 식물들은 어떤 방법으로 씨앗을 퍼뜨리나요?

식물은 환경을 아주 잘 이용하는 발명가 같아. 식물마다 씨앗을 퍼뜨리는 방법이 다르거든.

우선 새나 들짐승 같은 동물의 먹이가 되어서 씨앗을 퍼뜨리는 방법을 알려 줄게. 맛있는 열매가 열리는 식물에는 동물 손님들이 찾아와. 동물들이 식물의 열매를 따 먹고 돌아다니다가 똥을 누면 그 속에 씨앗이 섞여 나오는 거지. 동물에 의해서 멀리

이동을 한 셈이야. 사과, 배, 복숭아같이 맛있는 열매가 열리는 식물들이 이런 방법을 쓰지.

　바람에 씨앗을 날리는 식물들도 있어. 소나무, 단풍나무처럼 날개가 달려 있는 식물이나, 민들레처럼 가벼운 솜털이 달려 바람에 잘 날아가는 식물들이 여기에 속해.

　열매가 가벼워서 물에 둥둥 띄워 보내는 식물도 있고, 도깨비바늘처럼 씨앗에 깔끄러운 가시 같은 털이 있어 동물의 털에 붙어 멀리 이동하는 식물도 있고, 콩이나 봉선화처럼 꼬투리를 톡 터뜨려 씨앗을 퍼뜨리는 식물도 있어.

7장
연못에 숨어 있는 비밀을 찾아라!

띠리리 부족 최고의 게으름뱅이 파오이가 머리를 긁적이며 말했다.
"우리 너무 오랫동안 안 씻은 거 아니에요?"
그러고 보니 여행을 시작하고 제대로 씻은 적이 없었던 것 같다. 우 기자 일행은 목욕과 함께 빨래도 할 겸, 연못에서 물놀이를 하기로 했다.
연못이 꽤 깊어 보였지만 셋 다 수영의 달인이니 걱정할 필요는 없었다. 연못에는 연꽃이 아주 우아하게 피어 있었다. 우 기자와 초로리, 파

오이는 옷을 입은 채로 연못에 풍덩 다이빙을 했다. 셋은 동시에 비명을 질렀다.
"으아!"
연이 자라는 연못은 보통 질척한 흙탕물이라는 사실을 잊은 것이다. 연못가로 나온 세 사람 몸에서는 악취가 풍겼고, 질척한 흙탕물이 뚝뚝 떨어졌다. 그리고 물에 사는 수생 식물이 몸에 붙어 있었다.
파오이는 자기 몸에 붙은 개구리밥을 떼어 내며 말했다.
"와! 물속에서도 이렇게 많은 식물들이 사나 봐!"
초로리가 파오이를 나무랐다.
"왜 안 하던 짓을 하자고 해서 이 꼴을 만드니?"
이때 연못 한가운데 둥둥 떠 있는 카드가 보였다. 다섯이 가위바위보를 해서 지는 사람이 가져오기로 했다. 왜 갑자기 다섯이냐고? 이런 험한 일에는 원숭이와 앵무새도 동등한 자격이 있다고 우겨 대는 별로 정의롭지 못한 우 기자 때문이었다.

"가위, 바위, 보!"

모두 가위를 냈고, 보밖에 낼 수 없었던 앵무새가 카드를 가져와야 했다. 다행히 앵무새는 포르르 날아서 너무나도 쉽게 카드를 가져왔다.

"와! 멋지다! 넌 세계 최고의 앵무새야!"

우 기자는 어쩐지 나약한 동물을 이용한 것 같아 힘 안 드는 칭찬이라도 후하게 해 주었다.

'물 위에 둥둥 뜨는 ⬚은 스펀지를 닮았다.'

파오이가 카드의 수수께끼를 읽고는 연못을 살펴보았다.

"어? 스펀지를 닮은 게 어딨다고 그래?"

초로리는 탐정처럼 손으로 턱을 괴고 생각했다.

"물에 둥둥 뜨고, 스펀지를 닮았다?"

그리고 긴 나무 막대를 구해다가 물 위에 둥둥 떠 있는 식물들을 끌어내 물가로 가져왔다. 초로리는 줄기가 동그랗게 부풀어 오른 부레옥잠을 가리켰다.

"음, 이거야!"

우 기자가 말했다.

"에이, 이게 어째서 스펀지를 닮았다는 거야? 오히려 동그란 공처럼 생겼는데?"

"공처럼 볼록한 부분을 물속에 넣고 손으로 꼭 쥐어 보세요!"

우 기자는 초로리가 말한 대로 해 보았다. 그러자 물속에서 공기 방울이 송송송 올라왔다. 스펀지를 물속에서 꼭 쥐었을 때처럼.

초로리가 말을 이었다.

"부레옥잠은 물에서 사는 수생 식물이에요. 수생 식물들은 저마다 물에서 살기에 편리하게 변화했지요. 부레옥잠의 뿌리는 물속에 있지만 줄기와 잎은 햇빛을 받기 위해 물 위에 둥둥 떠 있게 변화했어요. 동그랗게 부푼 줄기에는 스펀지처럼 많은 구멍이 있고 그 속에 공기가 가득 차 있지요. 그래서 물 위에 떠 있을 수 있어요. 그러니까 수수께끼의 답은 '부레옥잠'이에요!"

물 위에 둥둥 뜨는 **부레옥잠**은 스펀지를 닮았다.

초로리는 건져 왔던 식물들을 다시 물 위로 돌려보냈다. 바람이 불자 연못 위에 있던 식물들이 일렁일렁 춤을 췄다.

바람과 함께 연못가에 있는 갈대숲에서 정겨운 새소리가 들려왔다. 우 기자가 고개를 돌려 보니 그곳으로 카드 한 장이 날아가고 있었다.

"어! 카드다!"

우 기자 일행은 바람에 날아가는 카드를 따라 갈대숲으로 달려갔다. 키가 큰 갈대들이 무성하게 우거진 사이로 카드가 떨어지긴 했는데 정확히 어디에 떨어졌는지 알 수가 없었다. 질척질척한 바닥을 살피며 각자 흩어져 카드를 찾아보았다.

"찾았다!"

파오이가 소리쳤다. 그런데 파오이의 다리가 질척한 땅에 쑥 들어가서 나오질 않았다. 우 기자와 초로리가 힘껏 당겨서 허수아비 신세가 될 뻔했던 파오이를 구해 주었다. 파오이는 발에 묻은 진흙을 털어 내며 안도의 한숨을 쉬었다.

"아! 살았다!"

'□□는 다음 해까지 견딜 수 있는 물을 가지고 있다.'

카드에 적힌 수수께끼를 본 우 기자가 말했다.

"낙타처럼 오랫동안 사용할 물을 간직하고 있는 식물이 뭘까?"

파오이는 갈댓잎으로 열심히 흙을 털어 냈다.

"갈대는 물에서도 땅에서도 살 수 있나 봐! 여기까지는 물이 질척한데,

저쪽은 물이 없는데도 갈대가 무성하잖아!"

그러자 초로리가 대답했다.

"갈대도 물속에 뿌리를 내리는 수생 식물이야. 하지만 연못이나 늪은 시기에 따라 수면의 높이가 굉장히 달라져. 그래서 갈대는 마른땅에서도 오랜 시간을 견딜 수 있지."

우 기자가 이어서 말했다.

"갈대는 뿌리줄기와 뿌리에 오랫동안 사용할 수 있는 물을 저장해 두지. 그러고 보니 갈대가 답이네?"

갈대 는 다음 해까지 견딜 수 있는 물을 가지고 있다.

우 기자는 카드에 갈대라고 적어 넣었다. 카드는 아름다운 색으로 바뀌었다.

세상에서 가장 지저분해 보이는 파오이가 졸랐다.

"우리 이번에는 맑은 바닷물이 넘실거리는 섬으로 가요!"

우 기자가 힘차게 말했다.

"그래, 그럼 신기한 식물들이 많은 수마트라섬으로 가자!"

우기자와 함께하는 식물 수업

수생 식물을 살펴보자!

　물속이나 물가에서 살아가는 식물을 수생 식물이라고 해. 수생 식물은 물에서 생활하기에 알맞게 변화했지. 수생 식물은 뿌리나 줄기, 또는 잎에 공기가 통하는 관을 가지고 있어 식물의 호흡을 도와주지.

　수생 식물에는 다음과 같은 종류가 있어.

정수식물

침수 식물

정수식물은 얕은 물가에 살며 뿌리는 진흙 속에 있고, 줄기 밑부분이 물에 잠겨 있는 식물을 말해. 갈대, 부들, 물옥잠 등이 정수식물에 속해.

　부유 식물은 물 위에 떠 있는 식물이야. 부유 식물은 뿌리가 없거나 아주 작지. 개구리밥, 생이가래 등이 부유 식물에 속해.

　부엽 식물은 뿌리는 땅속에, 줄기는 물속에, 잎은 물 위에 있는 식물을 말해. 부엽 식물은 대부분 잎이 넓어. 부엽 식물에는 수련, 마름, 순채 등이 있지.

　침수 식물은 온몸이 물속에 잠겨서 살아가는 식물이야. 침수 식물은 줄기에 공기 구멍이 있어서 물속에서도 서 있을 수 있지. 물수세미, 검정말, 나사말 등이 침수 식물이야.

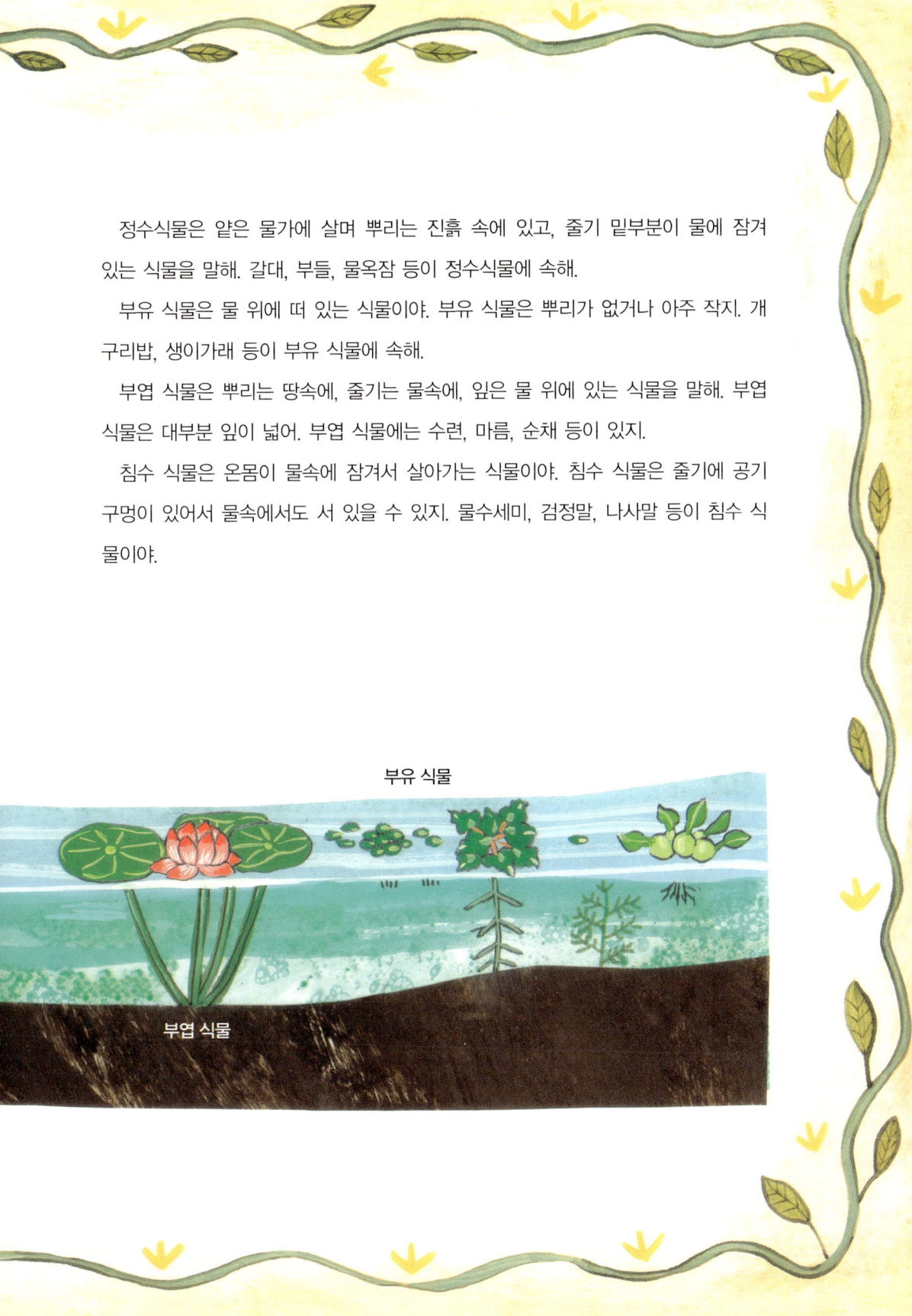

어린이가 미리 만난 전설의 슈웅

물속에 사는 수생 식물의 비밀!

늪에는 새들이 항상 모여들잖아요. 왜 그런 거예요?

물에서 사는 식물은 오염된 물을 맑게 정화하는 일을 해. 식물 덕분에 깨끗해진 늪은 새와 같은 동물들의 편안한 안식처가 되기도 하지. 그래서 수생 식물의 천국인 늪에는 많은 종류의 새들이 날아든단다.

부레옥잠은 어떻게 물 위에 둥둥 떠 있을 수 있어요?

수생 식물이 물 위에 잘 떠 있을 수 있는 것은 호흡을 위한 공기 관이 발달해 있기 때문이야. 물속에 잠겨 있기 때문에 잎이나 줄기의 기공을 통해 호흡하기 어려운 경우가 많거든. 그래서 공기 관이 발달했는데, 이 공기 관이 스펀지나 풍선 같아서 부레옥잠 같은 수생 식물이 물 위에 떠오를 수 있게 하지.

어린아이가 뗏목처럼 물 위에 떠서 타고 다닐 수 있는 커다란 잎을 보신 적이 있다면서요?

그래, 아마존에서 봤지. 아마존 빅토리아 수련의 잎은 2m나 돼. 거대한 잎이 물 위에 떠 있을 수 있는 것은 공기로 가득 찬 잎맥이 고르게 퍼져 있기 때문이야. 아마존 빅토리아수련의 잎은 어린아이가 올라앉아도 가라앉지 않을 정도로 물 위에 떠 있는 힘이 세.

새끼를 낳는 나무가 있다고 들었어요. 정말인가요?

정말이고말고! 열대의 갯벌이나 강어귀에는 맹그로브라는 신기한 나무가 자라. 맹그로브는 뿌리가 물속에 있기 때문에 호흡을 위해서 뿌리의 일부를 물 위로 올리지. 이 뿌리를 호흡뿌리라고 해. 보통 맹그로브는 열매를 물 위에 떨어뜨려 퍼뜨리는데, 어떤 종은 나뭇가지에서 종자의 싹을 50~60cm 정도 키워서 떨어뜨려. 마치 동물이 새끼를 낳듯이 말이야. 이런 식물을 태생 식물이라고 해.

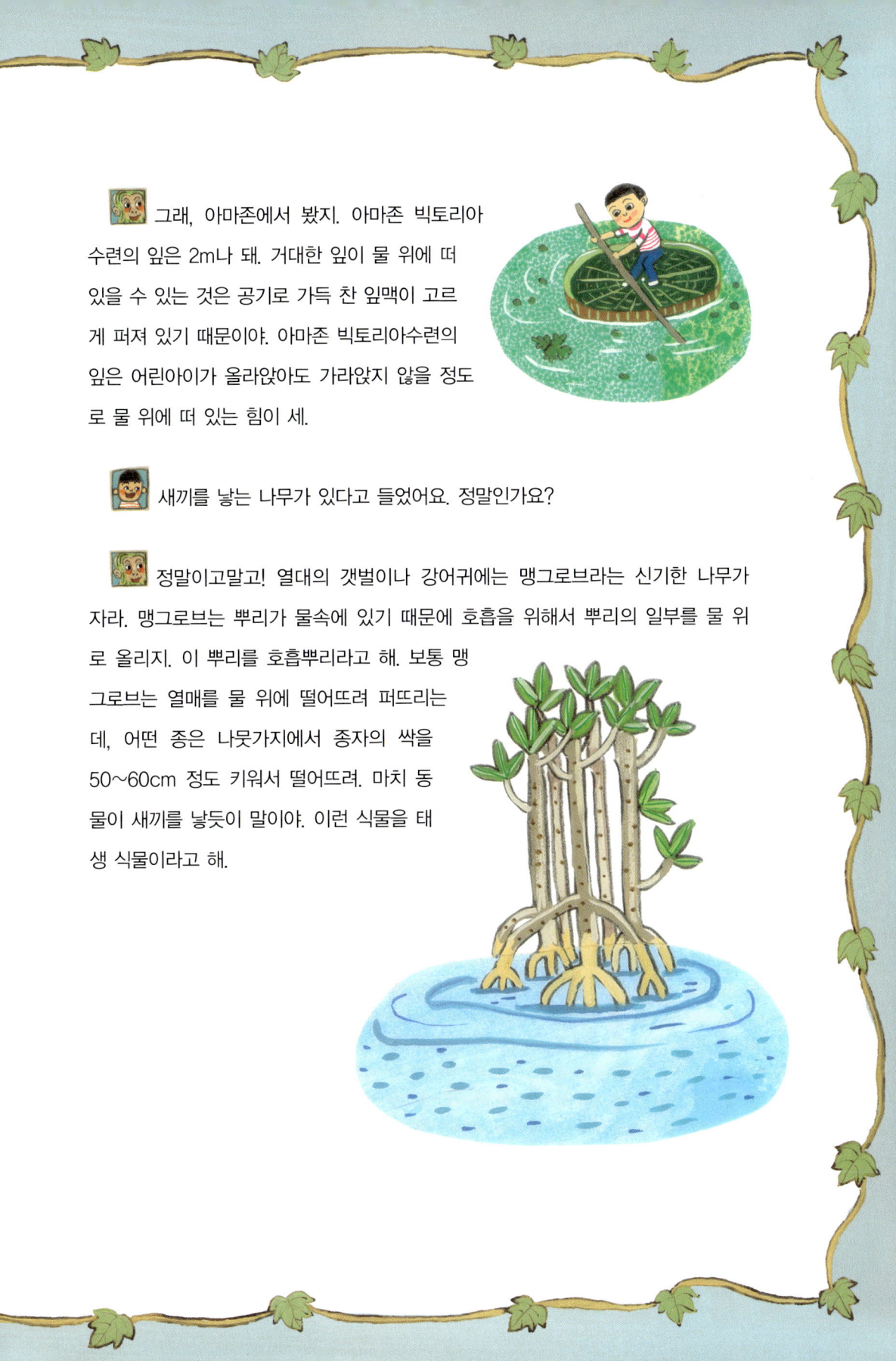

사막에 숨어 있는 비밀을 찾아라!

　물놀이도 즐길 겸, 식물이 무성한 수마트라섬으로 향하던 우 기자 일행은 갑작스러운 비행기의 이상으로 위험에 휩싸이고 말았다.
　"으아! 사람 살려!"
　비행기는 제멋대로 흔들렸고, 급기야 땅을 향해 곤두박질치기 시작했다. 우 기자는 파오이와 초로리에게 낙하산을 나눠 주고, 비행기 밖으로 탈출시켰다. 그리고 자신도 원숭이를 데리고 공중으로 몸을 날렸다. 세 개의 낙하산이 멋지게 펼쳐졌다. 비행기는 점점 속력이 줄더니 모래벌판 위로 미끄러지듯 안전하게 착륙했다. 낙하산을 타고 땅에 내리다가 손발이 까진 우 기자가 아쉬워했다.

"비행기가 저렇게 얌전하게 착륙할 줄 알았으면 그냥 타고 있어도 될 뻔했다!"

초로리는 낙하산을 차곡차곡 접으며 말했다.

"아저씨, 이 낙하산 저 가져도 돼요? 아주 마음에 들어요!"

파오이는 겁에 질려 손발이 후들거렸다.

"난 심장이 튀어나오는 줄 알았어! 역시 사람은 땅을 밟고 살아야 한다니까!"

앵무새는 여유롭게 날아와서 우 기자의 어깨에 앉았다.

우 기자가 전화를 해서 비행기 수리 신청을 했다.

"거기 비행기 수리 센터죠? 여기 사막인데요, 비행기가 고장 났어요. 빨리 와서 수리 좀 해 주세요!"

그런데 전화를 한 지 5분도 안 돼서 비행기 한 대가 날아왔다. 그 비행기에는 '비행기 수리 전문! 5분 도착 서비스!'라고 쓰여 있었다. 비행기에서 내린 수리공은 모자를 눌러 쓰고 한쪽 손에 수리 상자를 들고 있었다. 그런데 어디서 많이 본 것 같은 익숙한 얼굴이었다. 우 기자가 수리공에게 물었다.

"혹시…… 슈웅?"

슈웅이 모자를 벗으며 미소를 지었다.

"그래, 나다! 비행기 수리하는 데 세 시간 정도 걸리니까 너희들은 어디 가서 팥빙수라도 사 먹고 와!"

슈웅은 우 기자의 손에 무언가를 꼭 쥐여 주었다. 우 기자는 살짝 미소를 지으며 받았다. 팥빙수 사 먹으라는 돈? 하지만 슈웅이 준 것은 수수께끼 카드였다. 하긴, 끝이 보이지 않는 사막에서 돈이 있어 봐야 뭘 할 수 있겠는가.

'잎이 없는 선인장은 ☐로 영양분을 만든다.'

연못에서 수영하는 바람에 더 더러워진 우 기자 일행! 하필이면 사막에 불시착해서 오아시스를 찾아보겠다고 길을 떠났다. 하지만 보이는 것이라고는 드물게 있는 선인장을 비롯한 사막 식물들뿐이었다.

모래바람이 불어와 온몸에 붙어 있는 진흙 딱지 위에 먼지가 또 한 겹 덮였다. 순간 파오이가 외쳤다.

"어, 저기 사람들이 모여 있어요! 저기가 오아시스인가 봐요!"

모두들 그곳으로 달려가 보았다. 하지만 모여 있는 것은 사람들이 아니라 무리 지어 자라난 선인장이었다. 길쭉한 선인장, 공처럼 동그란 선인장, 쭈글쭈글한 선인장, 골고루 있었다.

초로리가 손으로 부채질을 하며 말했다.

"선인장에 커다란 잎이 있다면 햇빛이라도 가릴 텐데! 너무 덥고 목말라요!"

선인장처럼 잎이나 줄기에 수분을 많이 가지고 있어서 통통한 식물을 다육 식물이라고 하지.

선인장 가시는 선인장을 먹으려는 동물들로부터 몸을 보호하고, 뜨거운 햇빛을 가려서 그늘을 만드는 역할을 하기도 해.

파오이가 선인장이 만든 좁은 그늘에 앉으며 물었다.

"왜 선인장은 잎이 없는 거야?"

우 기자가 땀을 닦으며 설명했다.

"이렇게 덥고 건조한 날씨에 커다란 잎이 있다면 수분을 빨리 빼앗기고 바짝 말라 버릴 거야. 그래서 선인장은 수분을 최대한 오래 보관하기 위해서 잎을 없

애고, 줄기를 두껍게 해서 수분을 가득 지니고 있는 거지."

파오이가 벌떡 일어나다가 선인장 가시에 콕 찔렸다.

"아야! 잎이 없으면 선인장은 어디서 광합성을 하지? 아, 줄기!"

우 기자가 말을 이었다.

"그래, 그럼 이번 수수께끼의 정답은 '줄기'구나! 맞아, 전에 선인장은 줄기에 물과 공기가 드나드는 구멍(기공)이 있다는 걸 들은 적이 있어. 선인장은 줄기에서 광합성을 해서 영양분을 만드는구나!"

잎이 없는 선인장은 줄기 로 영양분을 만든다.

우 기자는 수수께끼를 푼 것은 기뻤지만 이러다 남은 수수께끼를 다 풀기도 전에 하늘나라로 가는 건 아닌지 슬쩍 걱정이 되었다. 그때 동그란 선인장의 열매가 우 기자의 눈에 들어왔다.

"와! 살았다!"

우 기자는 동그란 선인장 열매를 따서 아이들에게 나누어 주었다. 열매 속에는 신선한 과즙이 아주 많이 들어 있었다. 모두들 물이 얼마나 중요

한지 깨닫게 되는 순간이었다. 우 기자는 지금껏 자신이 양치질을 하며 낭비했던 물이 그렇게 아까울 수가 없었다.

우 기자 일행은 오아시스 찾는 것을 포기하고 비행기로 돌아갔다. 수리가 끝난 비행기는 새것처럼 반짝반짝 빛나고 있었다. 비행기 유리창에는 또 하나의 카드가 꽂혀 있었다. 슈웅은 보이지 않았다.

'메스키트는 ☐가 30m나 뻗는다.'

"메스키트가 뭐지?"

우 기자는 메스키트가 뭔지도 몰랐다. 다행히 비행기 옆에 작은 나무가 보였는데 그곳에 '메스키트'라고 적힌 푯말이 있었다. 초로리가 푯말과 메스키트를 발견했다.

"아! 이거다!"

모두 메스키트에 가까이 가 보았다. 메스키트는 그리 크지 않은 나무였다. 우 기자는 빙 둘러 가며 살펴보았다.

"도대체 뭐가 30m나 된다는 거지?"

파오이가 말했다.

"줄기?"

초로리가 풋말을 뽑아 들고 부채질을 하며 말했다.

"네 눈에는 이 나무가 그렇게 큰 걸로 보이니? 메스키트도 사막에 살고 있으니까 사막 식물의 특징에 대해 생각해 보자고. 사막 식물들은 더위를 피하고 부족한 물을 많이 갖고 있기 위해 조금씩 변했어. 선인장처럼 줄기를 부풀려 물을 저장하거나, 뿌리를 깊고 넓게 내려서 빗물을 많이 흡수하고, 어딘가에 있을 지하수를 찾아내기도 해."

초로리의 말에 모두 눈이 번쩍였다.

우 기자가 쓰러지듯 무릎을 꿇고 말했다.

메스키트는 뿌리가 30m나 뻗는다.

"그러면 수수께끼의 답이 뿌리인가 봐! 이렇게 작은 나무가 30m나 뿌리를 내리다니, 대단한데? 우리, 땅을 파서 뿌리가 얼마나 깊은지 확인해 보자!"

우 기자가 맨손으로 땅을 파 보겠다고 모래를 헤쳤다. 하지만 파오이와 초로리는 팔짱을 낀 채 가만히 보고만 있었다. 우 기자는 다시 일어서서 아이들을 향해 혼자 진지하게 말했다.

"땅을 파서 뿌리를 확인해 봐

야 정답인지 아닌지 알 수 있잖아!"

초로리가 우 기자를 향해 답답하다는 듯이 말했다.

"카드에 써 보면 알 수 있잖아요! 뿌리가 답이면 아름다운 색으로 변하겠죠! 30m나 되는 뿌리를 언제 파고 있어요? 삽도 없이!"

"아! 맞다!"

우 기자는 카드를 꺼내 '뿌리'라고 적어 넣었다. 카드는 역시 아름다운 색으로 변했다. 우 기자는 초로리, 파오이가 있어서 참 다행이라고 생각했다. 혼자였다면 낑낑거리며 땅을 파고 있었을 테니까.

그런데 초로리랑 파오이도 비슷한 생각을 한 모양이다.

초로리가 먼 지평선을 보며 말했다.

"이렇게 끝없이 모래가 펼쳐진 사막에 있으니까 우 기자 아저씨가 있어서 참 다행이라는 생각이 들어요. 아저씨는 비행기 운전도 잘하고 어린이 말을 잘 듣는 착한 어른이잖아요."

파오이도 거들었다.

"맞아, 우 기자 아저씨가 좀 어리바리하기는 해도 진짜 좋은 어른인 것 같아."

"너희들, 이제야 철이 드는구나."

우 기자는 코끝이 찡해져서 몸을 돌려 감정을 추슬렀다.

그사이 비행기에 오른 성격 급한 초로리가 재촉했다.

"빨리 타세요. 수마트라섬으로 가야죠. 착한 어른 아저씨!"

파오이는 우 기자에게서 배운 개다리춤을 추며 비행기로 달려갔다. 우 기자도 얼른 비행기에 올랐다.

우 기자와 함께하는 식물 수업

눈과 얼음으로 뒤덮인 극지방에도 식물이 자랄까?

극지방은 지구에서 가장 추운 곳이야. 이곳은 눈과 얼음으로 뒤덮인 황량한 세상이 펼쳐져 있지. 너무 추워서 식물들이 살지 못할 것 같지만 극지방에도 식물들이 살고 있어.

북극에는 이끼류와 고사리류, 지의류가 주로 살아가고 있어. 끈끈이대나물, 아이슬란드양귀비 같은 꽃식물도 살고 있지. 지의류는 바위나 나무껍질에 붙어 사는 원시적인 생물이란다. 북극보다 더 춥고 비도 거의 내리지 않는 남극에는 이끼류와 지의류가 살아. 이것들은 식물이 귀한 극지방에서 순록과 같은 초식 동물들의 귀한 먹이가 되어 주지.

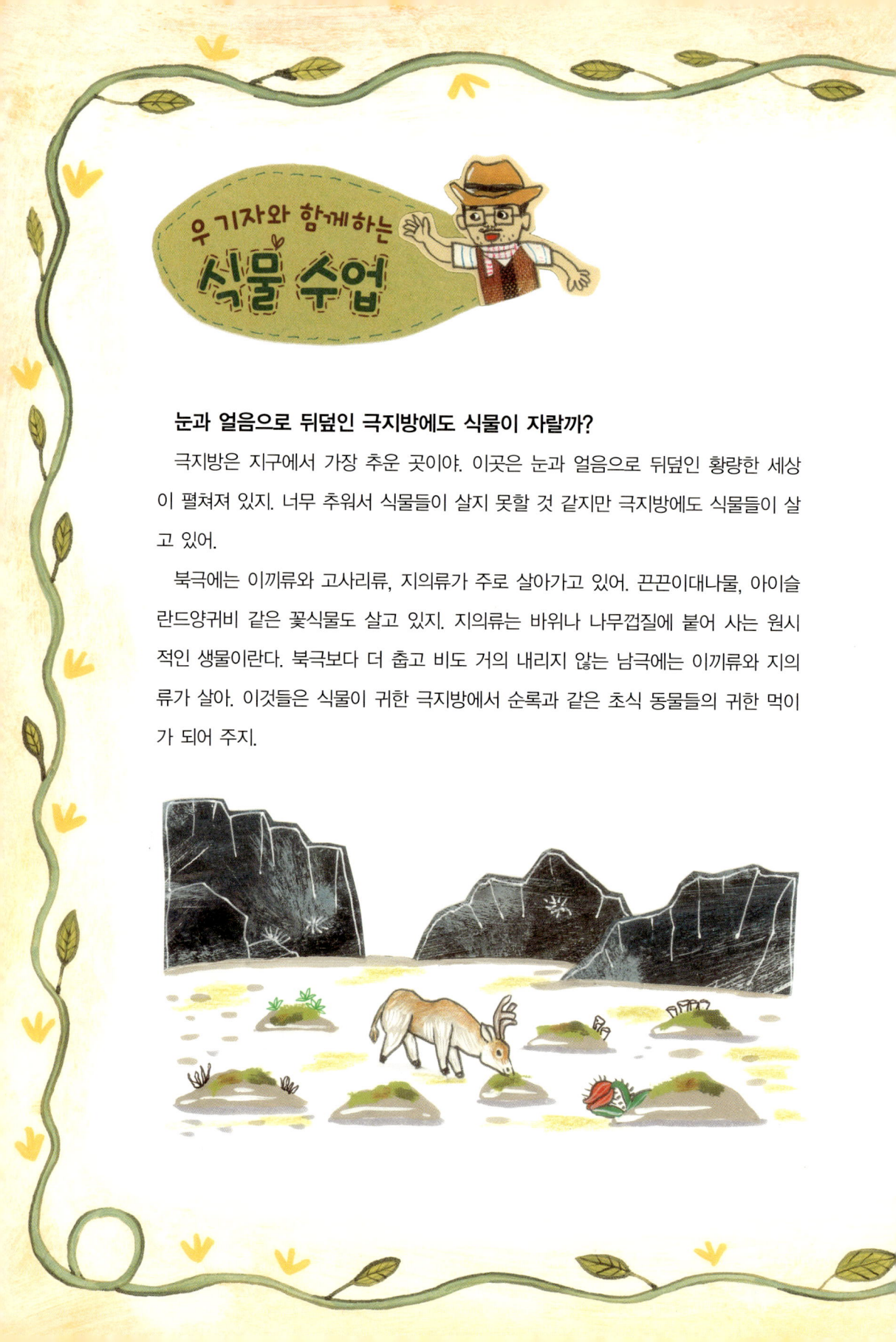

세계 최대의 침엽수림, 타이가!

　냉대 기후 지역에는 잎이 바늘처럼 뾰족한 침엽수가 무성하게 자라는 곳이 있어. 특히 시베리아를 비롯해서 북아메리카 대륙 북부에 이르는 거대한 침엽수림을 '타이가'라고 해. 겨울의 평균 기온이 영하 30~40℃에 이를 정도로 아주 추운 지역이야.

　침엽수의 얇고 뾰족한 잎은 넓은 잎에 비해 온도를 덜 빼앗기기 때문에 추운 날씨를 이겨 내기에 유리해. 타이가에서 자라나는 침엽수는 소나무, 잣나무, 가문비나무 같은 겉씨식물로 키가 큰 교목들이 많아. 그래서 타이가의 나무들은 건축과 토목 재료로 많이 사용되지.

소나무　　　잣나무

사막 식물들의 살아남기!

 무더운 사막에서는 식물들이 어떻게 살아가나요?

 낮에는 기온이 70℃까지 오르는 열대 사막은 비가 거의 내리지 않아. 일 년을 통틀어도 강수량이 250mm밖에 되지 않지. 그래서 식물들은 어려운 환경에서 살아남기 위해 변화를 시도했어.

선인장과 같은 다육 식물은 잎을 떨어뜨리고, 줄기에 물을 저장하지. 어떤 식물들은 건조할 때는 씨앗 상태로 있다가 비가 내리면 빠른 속도로 싹을 틔우고 열매를 맺어 씨앗을 만들어 내기도 해. 이런 식물들은 6~7주 만에 씨앗을 남기고 시들어 버리지. 콩과 식물에 속하는 메스키트처럼 뿌리를 깊게 내려 물을 찾아다니는 식물도 있어.

 열대 사막에서 사는 식물들도 꽃이 필까요?

 열대 사막의 대표적인 식물이 뭐게? 잘 알겠지만 선인장이야. 선인장은 따가운 가시를 가진 투박한 식물처럼 보이지만, 비가 내리는 우기에는 화려하고 아름다운 꽃을 활짝 피우지. 사막에는 '예리코의 장미'라는 특이한 식물도 있어. '부활초'라고도 하지. 건조할 때는 공처럼 동그랗게 말려서 바람을 타고 날아다니다가, 비가 내리면 가지를 활짝 펼쳐 금세 접시만큼 불어나서는 작고 하얀 꽃을 피워. 어때, 신기하지?

사막은 환경이 나빠서 식물들이 오래 살지 못할 거 같아요. 사막에도 오래 사는 식물이 있나요?

사막에 가면 거대한 털 뭉치처럼 뒤엉켜 있는 식물이 있어. '웰위치아'라는 식물이지. 짧고 굵은 줄기에 두 개의 길쭉한 잎이 자라는데, 줄기가 땅바닥에 힘없이 늘어져 있어. 잎은 바람에 이리저리 나부껴서 갈라지기도 하지. 웰위치아는 붉은 꽃을 피우는데, 2000년이나 살면서 계속해서 자라나. 아주 오래 사는 녀석이지.

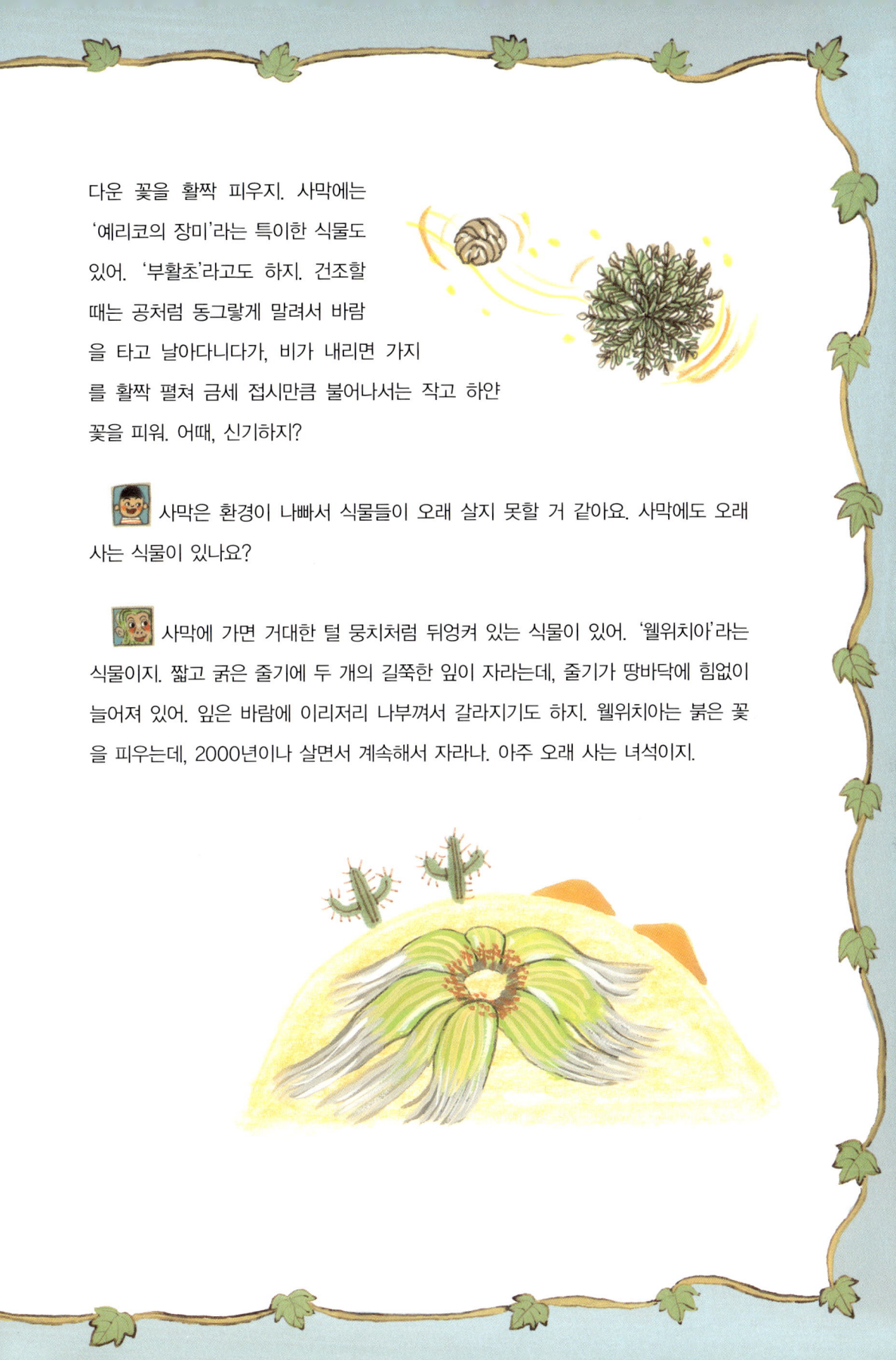

9장
수마트라섬에 숨어 있는 비밀을 찾아라!

사막에서 모래 먼지까지 뒤집어쓴 우 기자 일행은 드디어 온갖 식물들이 우거진 수마트라섬에 도착했다.

"와! 아름다운 해변이다!"

첨벙첨벙 즐거운 물놀이 시간을 가진 일행은 이게 누구인가 싶게 깨끗해졌다. 물놀이를 하고 났더니 파오이의 배에서 꼬르륵 소리가 났다.

"배고프다!"

모래톱은 우거진 정글과 연결되어 있었다. 우 기자가 앞장섰다.

"정글에서 과일 따 먹자!"

정글에는 달콤한 과일들이 주렁주렁 열려 있었다. 우 기자와 아이들은 이것저것 따 먹으며 배를 채웠다. 원숭이는 높은 가지에 있는 것도 따다 주었다.

"끽끽~!"

원숭이가 호들갑을 떨며 높은 나뭇가지를 가리켰다. 그곳에는 카드가 달려 있었다. 원숭이는 금세 카드를 가져다주었다.

'☐☐☐를 잡아먹는 식물도 있다.'

파오이는 고개를 갸웃했다.

"식물이 뭘 잡아먹는다는 거지? 동물들이 식물을 먹는 것 아닌가?"

우 기자는 제법 듬직하게 말했다.

"언제나 예외는 있는 법이야. 환경에 맞게 변화하는 식물의 세계에는 신비로운 일들이 일어나곤 하잖니? 우리 같이 잘 생각해 보자!"

우 기자는 정말 오랜만에 어른 같았다.

'위잉잉잉~'

벌 한 마리가 날아와 우 기자의 얼굴 앞에서 아른거렸다.

"으아! 진짜 큰 벌이다! 쏘이면 죽을지도 몰라!"

우 기자의 듬직함은 순식간에 무너졌다. 겁에 질린 우 기자는 자리에 주저앉아서 얼굴을 푹 숙였다. 앵무새가 날개로 휘휘 쫓았지만 벌은 달아났다가 다시 나타나곤 했다.

"벌이 주먹만 해! 침은 빨대처럼 굵을 거야!"

우 기자는 엄살을 부렸다.

"저게 어떻게 주먹만 해요? 벌치고 좀 크기는 하지만!"

초로리가 자기가 잡아 주겠다면서 이리저리 폴짝거리며 뛰어다녔다.

벌을 한참 쫓아다니던 초로리가 갑자기 걸음을 멈췄다.
"어?"
파오이가 물었다.
"왜? 잡았어?"
초로리가 말했다.
"벌이 잡히긴 잡혔는데, 나한테 잡힌 게 아니라 식물한테 잡혔어!"
파오이가 초로리에게 다가갔다.
"말도 안 돼! 어떻게 식물이 곤충을 잡아?"
파오이도 식물을 내려다보며 말했다.
"정말이네? 식물의 긴 통 속에 벌이 빠져 버렸어."
우 기자가 다가가 보았다.
"나를 쫓아다니면서 겁을 줄 때는 싫었는데, 저렇게 식물의 통 속에 빠져 허우적거리니까 불쌍하다."

"벌레잡이통풀은 달콤한 향기와 꽃처럼 아름다운 색으로 곤충을 부르지!"

시간이 지나면 벌레잡이통풀이 저 주먹만 한 벌을 녹여서 먹어 버릴 거야."

우 기자는 주먹만큼 크지는 않은 벌을 위해 잠시 묵념을 했다.

파오이가 놀라서 물었다.

"그럼, 그냥 우연히 벌레가 저 통에 빠진 게 아니라, 저 식물이 덫을 놓아서 벌을

잡은 거란 말이에요? 먹으려고?"

초로리가 말했다.

"그래! 벌레잡이통풀은 벌레를 잡는 식물의 하나야. 좀 예외적이긴 하지만 사냥을 하는 식물들이 있거든. 벌레잡이통풀 속에 벌레가 빠지면 살아서 나오기 힘들어. 주머니 속 벽은 참기름을 발라 놓은 것처럼 미끄러워서 곤충이 벽을 타고 올라오기 힘들거든. 결국 주머니 아래쪽에 있는 소화액에 푹 빠지고 말아. 그리고 녹아서 소화가 되는 거지."

파오이가 배를 문질렀다.

"어쩐지 속이 울렁거리는데?"

초로리가 벌레잡이통풀을 하나 골라 파오이에게 권했다.

"속이 울렁거릴 때는 벌레잡이통풀 주스가 딱이지! 한잔 마실래?"

"싫어!"

"마셔 봐! 유명한 식물 탐험가가 되려면 한잔 마셔야 하지 않겠어?"

"난 식물 탐험가가 아니잖아! 그냥 용감한 탐험가지!"

파오이와 초로리가 속이 울렁거리는 대화를 이어 갔다. 그사이 우 기자는 카드를 꺼내 답을 적었다.

초로리가 우 기자에게도 벌레잡이통풀 주스를 권했다.

"음, 먹을 만하네! 아저씨도 마셔 봐요!"

원숭이도 벌레잡이통풀을 하나 따서 들고 꿀꺽꿀꺽 마시고 있었다.

우 기자는 살짝 뒷걸음질 치며 말했다.

"아니야, 난 배가 불러서!"

그때 하늘에서 카드 한 장이 떨어져 파오이의 이마에 척 붙었다. 파오이가 떼 내려고 했지만 끈끈한 점액 때문에 잘 떨어지지 않았다.

"어쩔 수 없다! 그냥 당분간 붙여 두기로 하자! 수수께끼는 읽을 수 있으니까. 그러고 보니 파오이, 네 얼굴하고 잘 어울리는 것 같네!"

우 기자는 자기가 당한 일이 아니라고 너무 쉽게 포기해 버렸다.

'끈끈이주걱은 ☐에서 끈끈한 액이 나온다.'

포기하고 돌아서는 우 기자의 발을 잡는 것이 있었으니, 불의를 보고는 그냥 넘어가지 않는 정의로운 나무 덩굴이었다.

"으아!"

우 기자는 바닥에 꽈당 넘어졌다. 손이 닿은 곳에서 뭔가 끈적거리는 것이 느껴졌다.

"윽! 이 끈적거리는 게 뭐지?"

우 기자는 몸을 일으켜 손이 닿은 곳을 살펴보았다. 그곳에는 여러 개의 끈끈이주걱이 있었다. 몇 개는 우 기자의 손가락을 잡고 있었고, 몇 개는 파리나 모기 같은 곤충들을 잡고 있었다.

초로리가 놀리듯이 말했다.

"아저씨, 끈끈이주걱이 아저씨 손가락을 소화시키기 전에 어서 손가락 떼세요!"

"아!"

가만히 끈끈이주걱을 관찰하던 우 기자는 그제야 손을 확 떼 내었다. 우 기자는 그새 끈끈이주걱이 자기의 피부를 소화시킨 건 아닌지 살펴보며 말했다.

"끈끈이주걱도 벌레를 잡아먹는 식물이었지? 이건 벌써 벌레를 거의 다 소화시켰어. 그러고 보니 끈끈한 점액이 벌레를 꽉 잡고 놓아주지 않았나 봐."

파오이가 끈끈이주걱에 살짝 손끝을 갖다 댔다. 끈끈이주걱에 돋아 있는 작은 털끝에는 끈끈한 점액이 맺혀 있었다.

우 기자가 손을 옷에다 스윽 문지르며 물었다.

"점액이 이슬처럼 맺혀 있는 이 털을 '샘털'이라고 해. 그럼, 이번 수수께끼의 답은?"

초로리와 파오이가 함께 외쳤다.

"샘털!"

"그래, 맞아! '끈끈이주걱은 샘털에서 끈끈한 액이 나온다.' 그런데 어쩐지 거대한 벌레잡이 식물이 우리도 삼켜 버리는 건 아닐까 하는 걱정이 든다."

우 기자는 정글을 둘러보며 어깨를 움츠렸다. 그러자 파오이가 인상을 찌푸리며 말했다.

"나는 이 카드가 내 이마를 소화시키고 있는 건 아닌가 하는 끔찍한 생각이 들어요!"

우 기자는 그제야 파오이 이마에 카드가 붙어 있다는 것이 생각났다.

"미안, 미안! 너무 오랫동안 그렇게 됐구나!"

우 기자가 카드에 답을 써 넣자, 카드는 아름다운 색으로 바뀌고 저절로 이마에서 떨어졌다. 다행히 파오이의 이마는 아무 이상도 없었다.

"너희들 도시 구경시켜 줄까? 사람들이 바글바글 모여 살고, 극장도 있고, 놀이공원, 미술관, 동물원도 있는 도시!"

우 기자의 말에 파오이와 초로리는 도시가 뭔지도 모르면서 무조건 좋다고 대답했다.

우 기자와 함께하는 식물 수업

파리지옥이 벌레를 잡아먹는 과정 생중계!

와플처럼 반이 딱 접히면서 곤충을 잡는 파리지옥! 파리지옥은 무척 정확한 곤충 사냥꾼이야. 파리지옥이 파리를 잡아먹는 과정을 살펴보자.

1. 파리지옥이 잎을 벌려 곤충을 유인한다.
2. 곤충이 날아와 파리지옥 잎의 중심에 있는 감각털을 한 번 건드린다. 파리지옥은 인내심을 갖고 기다린다.
3. 곤충이 감각털을 또다시 건드린다. 그제야 파리지옥은 재빨리 입을 닫아 곤충을 잡는다. 단 0.5초 만에!
4. 가장자리에 있던 가시들이 맞물려 곤충은 철창에 갇힌 신세가 된다.
5. 약 보름에 걸쳐 파리를 조금씩 소화한다.

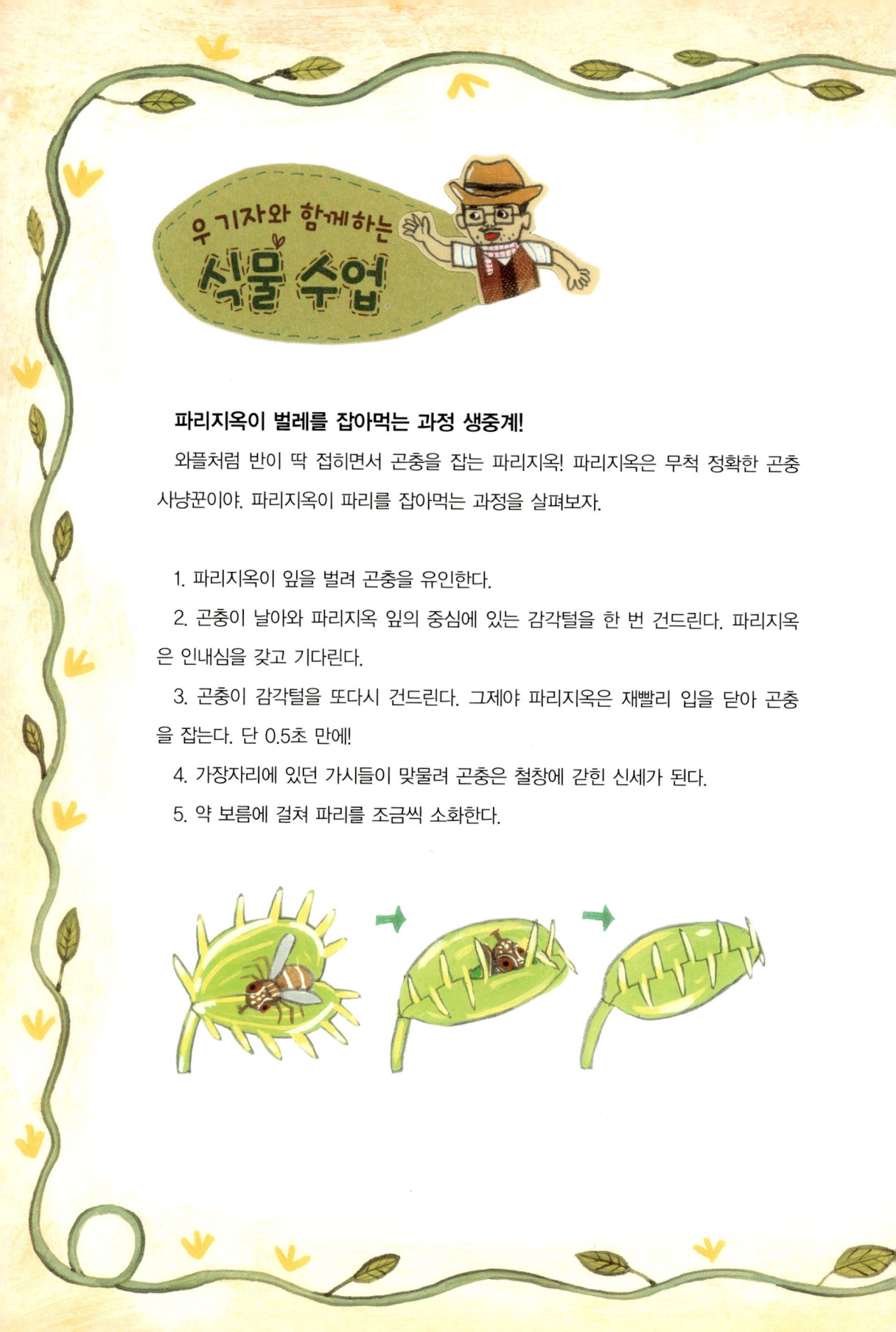

벌레를 확 빨아들이는 통발

연못이나 늪 같은 습지에 가면 작은 벌레잡이 식물인 통발을 볼 수 있어. 통발은 5mm도 안 되는 작은 주머니가 있는데, 주머니에 예민한 촉수가 달려 있지. 촉수로 먹이가 느껴지면 순식간에 주머니를 부풀려 물과 함께 먹이를 빨아들인단다.

긴 나팔을 가진 사라세니아

나팔처럼 생긴 주머니가 있는 사라세니아는 뚜껑 역할을 하는 잎이 꽃처럼 화려해. 주머니의 길이가 두 뼘이나 되고 안쪽 벽에는 아래쪽을 향해 털이 나 있기 때문에 사라세니아의 주머니에 빠진 곤충은 거슬러 올라오기 어렵지. 사라세니아는 벌레잡이통풀처럼 주머니 속에 있는 소화액으로 곤충을 소화시킨단다.

커다란 벌레잡이통풀은 쥐나 새도 잡는다고?

벌레잡이통풀 중에서 '네펜데스 라자'라는 종은 주머니가 세 뼘이나 되는 길이로 자라나. 그 커다란 주머니로 새나 쥐를 잡기도 해.

동물을 사냥하는 벌레잡이 식물들!

 벌레잡이 식물은 왜 동물을 잡아먹는 거예요?

보통의 식물은 광합성을 통해서 영양분을 만들어 내. 식물은 적당한 햇빛과 질 좋은 토양, 그리고 알맞은 온도의 환경에서는 광합성만으로도 무럭무럭 자라나지. 하지만 비가 많이 내리는 날씨이거나 미네랄이 부족한 메마른 땅에서는 광합성을 활발하게 하기 어려워. 그래서 벌레잡이 식물들은 곤충을 잡아서라도 부족한 영양분을 보충하려고 하는 거야. 특히 식물의 성장에 필요한 질소가 부족한 곳에서는 곤충이 아주 훌륭한 대체 식품이 되지.

벌레잡이통풀 속에 개구리가 들어가 있는 사진을 본 적이 있어요. 벌레잡이통풀은 개구리도 잡아먹나요?

하하. 잡힌 게 아니라 그 속에서 사는 거란다. 소화액이 출렁이는 벌레잡이통풀에서 살아가는 동물이 있어. 늙어서 더 이상 곤충을 잡을 힘이 없는 벌레잡이통풀은 개구리알을 부화하기에 아주 좋거든. 그래서 개구리들이 그 속에 알을 낳기도 해.

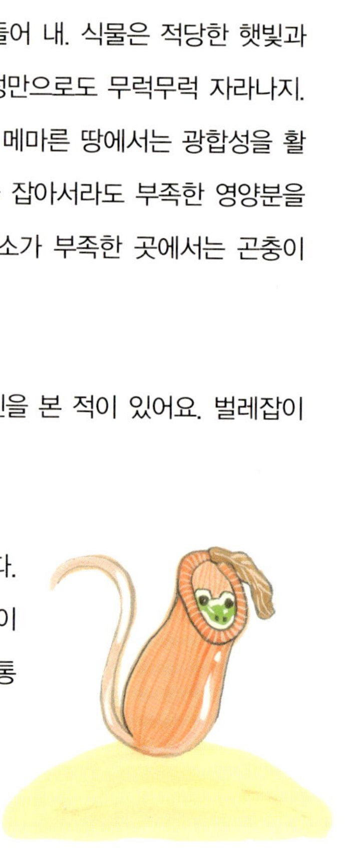

곤충과 함께 살아가는 벌레잡이 식물도 있다면서요?

벌레잡이 식물들은 희한한 녀석들이 많아. 벌레잡이통풀 중에 이빨처럼 생긴 두 개의 돌기를 가지고 있는 '비칼카라타'라는 식물이 있어. 비칼카라타는 통 안에 개미가 지낼 수 있는 곳을 만들어서 개미와 함께 살아가지. 비칼카라타는 잡은 곤충을 개미랑 사이좋게 나누어 먹는데, 이때 개미가 곤충을 잘게 부수고 곤충 찌꺼기도 없애 줘. 덕분에 비칼카라타는 딱딱한 곤충을 쉽게 소화시킬 수도 있고, 청소도 할 수 있지.

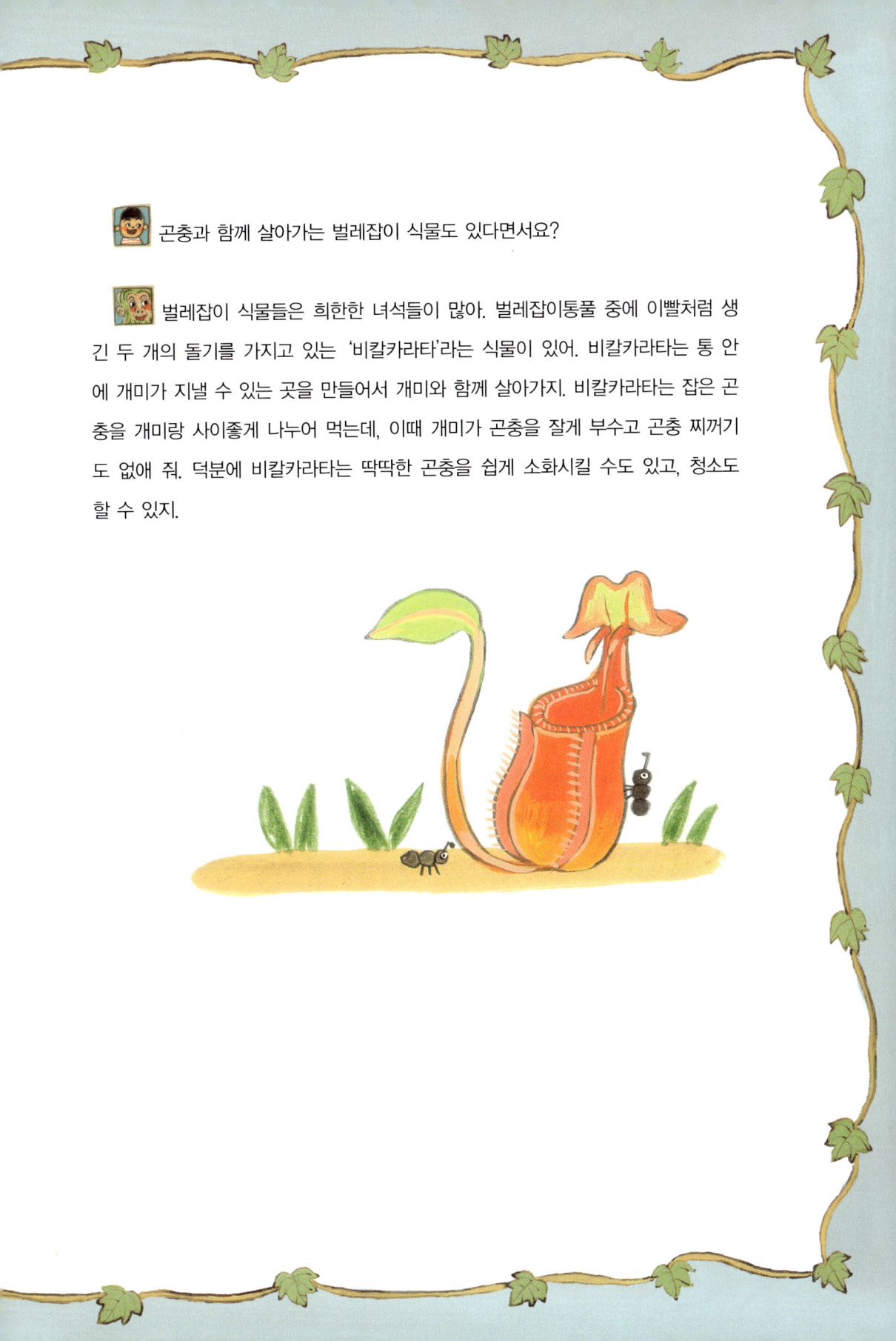

10장
은행나무에 숨어 있는 비밀을 찾아라!

우 기자는 아이들을 즐겁게 해 주기 위해 도시 탐험 계획을 세웠다. 높은 빌딩도 보여 주고, 빨리 달리는 기차도 보여 주었다. 하지만 아이들은 왠지 관심이 없어 보였다.

"너희들 놀이공원 가지 않을래? 거기에는 신나는 놀이 기구들이 많이 있거든."

파오이가 물었다.

"그럼, 거기에 카누도 있어요?"

"음, 비슷한 건 있어!"

"좋아요!"

일행은 놀이공원으로 갔다. 그러나 두세 시간씩 줄을 서서 타는 놀이 기구는 파오이와 초로리를 기쁘게 하지 못했다.

우 기자는 아이들과 함께 미술관으로 향했다. 미술관 가는 길에는 노랗게 물든 은행나무가 잎을 떨구어 바닥에 폭신한 낙엽 카펫을 깔아 주었다. 우 기자는 미술관 입장권을 샀다.

"여기 있습니다!"

직원은 입장권과 함께 카드를 주었다.

'은행나무는 ☐이 살던 시대에도 살았다.'

"어? 우리가 오는 길에 봤던 은행나무?"

우 기자가 카드에 적힌 수수께끼를 보았다. 파오이가 부족에 대한 그리움에 젖은 눈빛으로 말했다.

"우리 부족장님이 그랬는데요, 은행나무는 가장 오랫동안 이 지구에 살고 있는 나무래요. 무려 2억 8000년이나 살아가고 있대요. 예전 모습에서 별로 바뀌지도 않은 거래요."

초로리도 차분한 목소리로 덧붙였다.

"그래서 은행나무를 살아 있는 화석이라고 하지!"

우 기자 혼자만 신난 목소리로 말했다.

"와! 대단하다! 그럼 중생대에도 살았다는 거잖아. 그때 살던 거대한 공룡들도 지금은 사라지고 없는데 말이야."

파오이가 우 기자의 말을 듣고 수수께끼의 답을 맞혔다.

"그럼, 은행나무는 공룡이 살던 시대에도 살았던 거네요?"

우 기자는 은행잎 하나를 주워 들었다.

"그래. 초식 동물들이 은행잎을 따 먹기도 했겠지. 여기를 잘 봐! 은행나무는 다른 나무들하고는 잎의 생김새가 참 다르지? 은행잎은 넓적하지만, 사실은 침엽수의 바늘 같은 잎과 더 가까워. 소나무나 잣나무 같은 것 말이야. 바늘처럼 가는 잎이 여러 개 붙어서 부채꼴 모양을 이루고 있거든."

우 기자는 은행잎을 아이들에게 보여 주었다. 초로리가 은행잎을 모아 어느새 꽃다발처럼 쥐고 말했다.

"정말 특이하네?"

우 기자와 아이들, 그리고 원숭이와 앵무새는

은행나무는 공룡 이 살던 시대에도 살았다.

미술관을 관람했다. 미술관 안에는 많은 그림들이 전시되어 있었다. 커다란 나무 그림 아래에 슈웅의 카드가 떨어져 있었다.

'은행이 열리는 은행나무는 ☐이다.'

우 기자는 머리를 긁적거렸다.

"은행이 열리는 은행나무가 은행나무지, 또 뭐라는 거지?"

그사이 파오이가 〈노을이 지는 강〉이라는 그림을 만져 보려고 가까이 다가갔다.

"와! 이건 진짜 같다!"

미술관 관리인이 깜짝 놀라서 다가왔다.

"만지면 안 돼요!"

파오이는 얼굴이 빨개졌다. 맹수도 겁낼 줄 모르는 초로리도 덩달아 주눅이 들었다. 하필이면 그때 앵무새가 관리인 어깨에 묽은 똥을 누었고, 원숭이는 바나나 그림을 떼 내려고 안간힘을 쓰고 있었다. 직원들이 달려왔고 일행은 밖으로 쫓겨나다시피 했다.

우 기자는 아이들에게 미안했다.

파오이가 작은 소리로 물었다.

"아저씨, 나, 저 은행나무에 올라가 앉아 있어도 돼요? 슬플 때 그렇게 하면 마음이 좀 괜찮아지거든요."

"그, 그래."

파오이는 은행나무로 열심히 올라갔다. 그러자 신이 난 원숭이가 따라서 올라갔다. 그런데 원숭이와 파오이는 동시에 코를 쥐었다.

"윽! 이게 무슨 냄새야?"

우 기자도 코를 막으며 말했다.

"아! 은행나무 열매에서 나는 냄새야. 좀 고약하지? 식물들은 고약한 냄새나 지독한 맛으로 동물들이 열매를 먹어 치우지 못하게 막기도 하거든. 자손을 보존하기 위한 방법이지."

그러고 보니 나뭇가지에 동그란 은행이 주렁주렁 달려 있었다. 파오이는 서둘러 아래로 내려왔다.

나무들을 바라보고 있던 초로리가 말했다.

"어? 옆에 있는 나무에는 은행이 없잖아!"

그러자 우 기자가 설명해 주었다.

"은행나무는 암나무와 수나무가 따로 있어. 암나무에서는 암꽃이 피고,

수나무에서는 수꽃이 피지. 바람을 통해서 꽃가루받이를 하면 암나무에만 열매가 열리는 거야. 이런 나무를 암수딴그루라고 해."

은행나무와 놀면서 기분이 좋아진 파오이가 외쳤다.

"은행은 암나무에만 열리네? 그럼, 수수께끼의 답은 '암나무'!"

초로리는 파오이가 수수께끼를 푼 것을 축하하며 바닥에 있던 은행잎을 한가득 모아 공중에 뿌렸다. 은행잎이 바닥으로 다 떨어지기 전에 초로리의 눈앞에 슈웅이 나타났다. 초로리는 눈이 동그래졌다.

"어? 언제 오셨어요?"

슈웅이 모자를 벗으며 말했다.

"언제 오긴? 아까부터 낙엽 쓸고 있는 거 안 보였어?"

그러고 보니 이번에는 청소부 복장이었다.

은행이 열리는 은행나무는 **암나무** 이다.

"너희들이 드디어 수수께끼를 다 풀었구나! 모두 기특하다! 이제 나도 우 기자와 인터뷰를 해야겠지?"

우 기자는 너무나 감격스러워 눈물이 날 지경이었다.

"와! 정말 감사합니다! 초로리, 파오이, 모두 고마웠어!"

파오이가 물었다.

"그럼, 우리도 부족장님에게 용감한 어린이상을 받는 거예요?"

"그래, 내가 그 친구에게 얘기해 뒀단다."

우 기자와 슈웅은 미술관 앞에 있는 커피숍에서 오랫동안 인터뷰를 했다. 초로리와 파오이는 용감한 어린이상을 받게 된 것이 너무 좋아서 커다란 미술관 주위를 망아지처럼 뛰어다녔다.

인터뷰가 끝나고 우 기자가 아이들을 불렀다.

"여기서 좀 더 지내다 갈래?"

파오이가 고개를 흔들며 말했다.

"아니요, 빨리 가서 분홍돌고래도 보고 싶고, 아마존에 있는 노을이 지는 진짜 강도 실컷 만지고 싶어요. 그치, 초로리?"

"응. 여기는 너무 안전한 것 같아서 싫어! 빨리 아슬아슬한 열대 우림으로 돌아가고 싶어."

슈웅이 청소차에 시동을 걸며 말했다.

"그럼 나와 함께 가자꾸나!"

슈웅은 우 기자와 인사를 하고 아이들과 원숭이, 앵무새와 함께 아마존으로 떠났다. 청소차를 타고!

우 기자는 잠시 고민에 빠졌다. 슈웅이 어떤 사람인지 세계 최초로 인터뷰를 하였으니 세상을 떠들썩하게 만들 기사를 낼 수 있게 되었다. 그러면 회사에서 진급도 하고 '올해의 기자상'도 탈 수 있겠지. 하지만 우 기자는 인터뷰 녹음한 것을 지워 버렸다. 슈웅이 살고 있는 곳과 슈웅이 알고 있는 것들을 세상에 밝히면 슈웅은 지금과 같은 자유로운 생활을 하기 힘들어질 테니까.

우 기자는 슈웅을 동물원에 갇힌 사자 신세로 만들 수는 없었다. 그는 누구보다도 식물을 사랑하고 아끼는 사람이니까. 그런데 '사람'이라고 해도 되려나?

우 기자와 함께하는 식물 수업

동양에서 가장 큰 은행나무!

우리나라 경기도 양평에는 용문사라는 절이 있어. 용문사는 커다란 은행나무로 유명해. 무려 1100~1500년을 살았을 거라고 추측되는 이 나무는 동양에서 제일 큰 은행나무이기도 해. 키가 42m, 둘레가 14m나 되고 천연기념물로 지정되었단다.

은행나무의 사계절을 살펴보자!

봄에는 나뭇가지에 있는 겨울눈에서 새싹이 돋아나. 작은 은행잎이 옹기종기 모여서 나는데 짧은 가지에는 여러 개가 함께 자라고, 긴 가지에는 조금씩 떨어져 어긋나서 자라지.

여름에는 잎이 무성하게 자란 푸른 은행나무를 볼 수 있어. 암나무에는 은행나무 암꽃이 피고, 수나무에는 은행나무 수꽃이 피지. 바람이 불어와 수꽃에서 암꽃으로 꽃가루가 날리면 꽃가루받이가 이루어져. 그러면 암꽃이 있던 자리에 초록색 동그란 열매가 열린단다.

가을이 되면 열매가 무럭무럭 자라나. 열매도 노랗게 익고, 잎도 노랗게 단풍이 들지. 하지만 열매에서는 좀 지독한 냄새가 풍겨.

봄

여름

서리가 내리면 은행나무는 겨울을 맞을 준비를 해. 추운 겨울을 나기 위해 무성한 나뭇잎을 모두 떨어뜨리지. 그리고 앙상한 가지로 겨울을 난단다. 하지만 코르크질로 된 두꺼운 나무껍질이 있어서 추위도 잘 이겨 낼 수 있어.

가을

겨울

어린이가 미리 만난 전설의 슈웅

나무에도 암수가 있을까?

은행나무는 암나무와 수나무가 따로 있다고 했잖아요? 모든 나무가 다 암나무와 수나무로 나누어져 있나요?

그렇지 않아. 꽃들은 꽃가루받이를 해서 열매를 맺으려는 같은 목적을 가지고 있지만 암수의 형태에 따라 몇 개로 나눌 수 있어. 암술, 수술이 한꽃에 같이 있는 것을 암수갖춘꽃이라고 하고, 암꽃과 수꽃이 따로 피는 것을 암수딴꽃이라고 해. 암수딴꽃도 두 가지로 나눌 수 있어. 암꽃과 수꽃이 한 나무에 피는 것은 암수한그루, 은행나무처럼 암꽃과 수꽃이 각각 암나무와 수나무로 나뉘어서 피는 것을 암수딴그루라고 해. 대부분의 꽃들이 암수갖춘꽃이고, 이것이 식물의 가장 진화된 모습이야.

가을이 되면 울긋불긋 단풍이 드는 이유

가을이 되면 푸르던 나뭇잎들이 노랗고 빨갛게 물이 들잖아요. 왜 그런 거예요?

식물의 잎에서 광합성을 하는 작은 알갱이들을 엽록소라고 했지? 엽록소가 초록색이기 때문에 광합성 활동이 활발한 봄과 여름에는 식물의 잎이 초록색으로 보이는 거야. 하지만 가을이 되어 햇빛과 물이 부족해지면 잎은 광합성을 하기 어려워져. 겨울 동안 잎이 필요 없어진 나무는 스스로 잎과의 연결을 끊어 버리지. 그로 인해 엽록소가 파괴되고, 잎이 원래 가지고 있던 색소가 그제야 드러나는 거야. 나무들은 저마다 다른 색소를 가지고 있기 때문에 어떤 나무는 노란색으로, 어떤 나무는 붉은색으로 물드는 거란다.